Low Carb für Berufstätige

garant

INHALT

VORWORT

Die Low-Carb-Ernährungsweise liegt voll im Trend und hat schon vielen Menschen geholfen, überflüssige Pfunde zu verlieren, ihr Gewicht zu halten und lecker-leichte Gerichte in ihren Alltag zu integrieren. Damit auch vielbeschäftigte Berufstätige mit vollem Terminkalender die vielen Vorteile einer bewussten Low-Carb-Ernährung genießen können, sind in folgendem Buch einfache und schnelle Rezepte zusammengestellt, die nicht nur köstlich schmecken, sondern auch ideal in den beruflichen Alltag passen. Rezepte, die wenig belasten, schnell und einfach zuzubereiten sind und sogar Ihre Gäste beeindrucken werden.

Egal, ob Sie als Einsteiger eine angenehm leichte Küche und ein ebensolches Körpergefühl erleben möchten oder als überzeugter Low-Carb-Anhänger nach neuen Anregungen suchen: In diesem Kochbuch finden Sie eine kreative Auswahl an Gerichten, die extra abgestimmt sind auf die Ansprüche von Berufstätigen: Sie sind entweder schnell gezaubert, können gut vorbereitet werden oder lassen sich einfach transportieren. So steht einem energiespendenden Frühstück, einem leichten Mittagessen to go und einem köstlichen Feierabendessen nichts mehr im Weg.

Verzichten müssen Sie hierbei auf gar nichts, noch nicht einmal auf den Nachtisch oder auf leckere Snacks. Wie wäre es z. B. mit Parmesan-Gouda-Chips, Himbeer-Protein-Eis oder Schokoladen-Brownies – alles low carb und mit gutem Gewissen. Wer sich nun fragt, wie es möglich ist, mit solchen Leckereien abzunehmen, der erhält auf den nächsten Seiten die wichtigsten Informationen zum Low-Carb-Prinzip und wie es sich am besten mit dem Arbeitsalltag vereinbaren lässt: Was ist Low Carb? Warum ist diese Ernährungsweise empfehlenswert? Welche Tipps kann man bei der Auswahl passender Lebensmittel sowie beim Vorbereiten oder Transport der Gerichte beherzigen? All dies und mehr erfahren Sie in der Einleitung. Lassen Sie sich anschließend von köstlichen Low-Carb-Rezepten beflügeln und begeistern!

DAS LOW-CARB-PRINZIP

Was ist Low Carb?

Auf eine einfache Formel gebracht, steht Low Carb (Englisch für „low“ = niedrig und „carb“ = Kohlenhydrate) für eine Ernährung, die arm an Kohlenhydraten ist. Hierbei verzichtet man auf stark kohlenhydrathaltige Lebensmittel wie Weizenbrot und -gebäck, Kartoffeln, Weizennudeln, Reis und Zucker. Einige Low-Carb-Strömungen, die sogenannten No-Carb-Varianten oder auch ketogene Diäten, erlauben dabei so gut wie gar keine Kohlenhydrate, während neuere, moderatere Ansätze gesunde Kohlenhydrate in geringen Mengen befürworten. Hierzu zählen z. B. Kohlenhydrate aus Hülsenfrüchten, Vollkornprodukten und Nüssen.

Warum Low Carb?

Eine kohlenhydratarme Ernährung kann beim Gewichtsmanagement helfen. Abnehmen funktioniert nämlich nach einer ganz einfachen Regel: Wer weniger Kalorien zu sich nimmt, als sein Körper verbraucht, zwingt diesen, seine Fettreserven anzugreifen und verliert somit an Gewicht. Leichter gesagt, als getan! Low Carb kann dabei jedoch helfen. Denn durch eine kohlenhydratarme Ernährung steigt der Anteil an Gemüse, Eiweiß und gesunden Fetten in den Gerichten stark an und Eiweiß, Fette und ballaststoffreiches Gemüse sättigen erwiesenermaßen besonders gut. Wir essen also weniger und sind trotzdem schneller und länger satt. Somit stellt sich ein Kaloriendefizit ganz natürlich ein. Wer auf Nummer sicher gehen möchte, sollte seine Kalorienaufnahme jedoch genau beobachten und auch seinen Grundumsatz, also den individuellen Kalorienbedarf, kennen. Am besten führt man hierfür ein Ernährungstagebuch und zählt seinen Kalorienverbrauch. Praktische Ernährungstagebuch-Apps fürs Smartphone und Webseiten mit einer Daten-

bank zum Kaloriengehalt einzelner Lebensmittel können hier weiterhelfen.
Der bewusste Verzicht von kohlenhydrathaltigen Lebensmittel hat zudem noch weitere gesundheitliche Vorteile. Kohlenhydrate aus Quellen wie Brot, Kartoffeln, Nudeln, Reis und Zucker decken heutzutage in der westlichen Welt zu 50 Prozent den täglichen Energiebedarf. Aber ist dies auch gesund? Ähnlich wie die Anhänger der Paleo-Diät („Steinzeit-Diät"), gehen auch Low-Carb-Befürworter davon aus, dass sich unser Körper nur bedingt an die heutige kohlenhydratreiche Ernährung angepasst hat. 10.000 Jahre Ackerbau, mit dem damit verbundenen überproportionalen Zugang zu Kalorien aus Zucker und Stärke, sind demzufolge eine zu kurze Zeitspanne, wenn sich ein Organismus an eine neue Nahrungszusammensetzung anpassen soll. Verfechter des Low-Carb-Prinzips sind daher der Meinung, dass wir physiologisch immer noch besser an das Nahrungsangebot der Vorzeit angepasst sind – eine Vorzeit, die geprägt war durch die Kultur der Jäger und Sammler. Und diese ernährten sich vorwiegend von Fleisch, Fisch, Gemüse, Obst und Nüssen – also low carb. Dies wiederum würde die Theorie stützen, dass Kohlenhydrate – im Gegensatz zu Eiweißen, Fetten und Vitaminen – kein essenzieller Bestandteil unserer Ernährung sind. Wenn wir sie von unserem Ernährungsplan streichen, weist unser Körper keine Mangelerscheinungen auf. Schließlich kann er sie selbst aus Fett und Eiweiß herstellen. Kohlenhydrate, die aus raffiniertem Zucker und zu Weißmehl verarbeitetem Getreide gewonnen werden, stehen darüber hinaus in Verdacht, Auslöser von Diabetes Typ II und anderen Stoffwechselerkrankungen zu sein.

Kohlenhydrate und Insulin

Kohlenhydrate lassen unseren Blutzuckerspiegel ansteigen. Sind es vollwertige Kohlenhydrate aus Vollkornprodukten, Hülsenfrüchten oder Nüssen, geschieht dies nur langsam und sie halten uns lange satt. Kohlenhydrate aus Zucker und verarbeitetem Getreide hingegen lassen den Blutzuckerspiegel schnell und stark ansteigen. Als Reaktion darauf schüttet die Bauchspeicheldrüse vermehrt Insulin aus. Dies ist ein lebenswichtiges Hormon, das der menschliche Körper benötigt, um den Blutzuckerspiegel auf einem gleichbleibenden Niveau zu halten. Sowohl ein zu niedriger als auch ein zu hoher Blutzuckerspiegel können für uns lebensgefährlich sein. Besteht ein Überangebot von Zucker im Blut, trägt das Insulin dazu bei, dass Zucker in Fett umgewandelt wird. Dieses lagert sich im Körper ein und wir nehmen zu. Schon jetzt ist laut Weltgesundheitsorganisation (WHO) jeder dritte Mensch auf der Welt übergewichtig. Eine kohlenhydratreiche Ernährung – vorwiegend aus ungünstigen Kohlenhydraten – macht uns aber nicht nur dick, sondern auch krank.

Gesundheitliche Auswirkungen

Ist der Blutzuckerspiegel oft zu hoch, bedeutet dies Stress für die Bauchspeicheldrüse. Die häufige und starke Ausschüttung von Insulin wiederum kann zu Insulinresistenzen führen: Der Körper reagiert nur noch vermindert auf das Insulin und das Hormon ist nicht mehr in der Lage, den Blutzuckerspiegel zu regulieren. Die Folge ist eine Diabetes-Typ-II-Erkrankung. Ernährungsexperten gehen daher davon aus, dass die Low-Carb-Ernährung selbst ohne Gewichtsabnahme dabei helfen kann, Blutzucker und Insulinspiegel niedrig zu halten und erhöhte Blutfettwerte sowie Bluthochdruck zu senken. Ungünstige Kohlenhydrate sind aber nicht nur ungesund, weil sie unseren Blutzuckerspiegel schnell und stark ansteigen lassen, sondern auch, weil er ebenso schnell und stark wieder fällt. Jeder hat es selbst schon einmal erlebt, dass ein Weißbrötchen mit Marmelade morgens zum Frühstück nicht lange sättigt. Das Vollkornbrot mit Käse hingegen vertreibt den Hunger bis zum Mittagessen, da Eiweiß, Fett und Ballaststoffe deutlich länger satt machen. Blutzucker- und Insulinspiegel fahren nicht Achterbahn, sondern bleiben auf einem stabilen Niveau.

Langkettige und kurzkettige Kohlenhydrate

Das Beispiel von Weißbrot und Vollkornbrot zeigt die Unterschiede zwischen verschiedenen Arten von Kohlenhydraten und ihre unterschiedlichen Auswirkungen auf den Blutzuckerspiegel und die Insulinausschüttung. Unterschieden wird hier zwischen lang- und kurzkettigen Kohlenhydraten. Kurzkettige Kohlenhydrate sind

Einfach- und Zweifachzucker, in der Fachsprache auch Mono- und Disaccharide genannt. Sie finden sich in Süßigkeiten und Obst. Langkettige Kohlenhydrate sind Mehrfachzucker (Oligosaccharide). Aus ihnen bestehen z. B. stärkehaltige Lebensmittel wie Kartoffeln, Nudeln, Knäcke- und Vollkornbrot. Kurzkettige Kohlenhydrate können als Einfachzucker schnell von unserem Körper verwertet werden. Sie gehen direkt ins Blut. Die Verarbeitung der langkettigen Kohlenhydrate in Einfachzucker ist hingegen komplexer und nimmt mehr Energie in Anspruch. Wer jetzt aber der These verfällt, alle kurzkettigen Kohlenhydrate sind ungünstig und langkettige gesund, der fehlt. Seit geraumer Zeit ist bekannt, dass es auch kurzkettige Kohlenhydrate gibt, die den Blutzuckerspiegel stabil halten, sowie langkettige, die ihn in die Höhe treiben. Ernährungsexperten beschreiben dieses Phänomen mit dem „glykämischen Index“.

Was ist der glykämische Index?

Kohlenhydrathaltige Lebensmittel, die einen schnellen und hohen Blutzuckeranstieg auslösen, haben einen hohen glykämischen Index (GI). Lebensmittel mit einem hohen GI sind z.B. Weißbrot, Cornflakes, Kartoffelpüree und Pommes frites. Einen mittleren GI haben beispielsweise Ananas, Müsli, Rote Bete, aber auch Zucker und Cola. Einen niedrigen GI haben Vollkornbrot, Erbsen, Linsen, Mais oder Erdnüsse. Keinen glykämischen Index besitzen Lebensmittel ohne oder mit wenigen Kohlenhydraten wie Fleisch, Fisch, Fett und Öl. Sie beeinflussen den Blutzuckerspiegel höchstens indirekt. Warum Weißbrot einen hohen GI aufweist, Zucker jedoch nur einen mittleren, kann das Konzept des glykämischen Indexes nicht erklären. Zudem ist der GI eines Lebensmittels von etlichen Faktoren beeinflusst. Sowohl die Form der Zubereitung als auch die Zusammensetzung mit anderen Lebensmitteln sowie die individuellen Unterschiede in der Energieaufnahme der Testesser haben Einfluss auf den ermittelten Wert. Daher ist das Konzept des glykämischen Indexes umstritten. Befürworter weisen jedoch darauf hin, dass selbst bei unterschiedlichen Werten die Blutzuckerwirksamkeit der getesteten Lebensmittel gleich bleibt, unabhängig davon, wie sie zubereitet und in welcher Zusammenset-

zung sie verzehrt wurden. Zu ihnen zählt auch die europäische Studiengruppe für Diabetes und Ernährung. Sie empfiehlt bereits seit einigen Jahren den bevorzugten Verzehr von Lebensmitteln mit niedrigem GI, da sich Blutzucker- und Blutfettwerte durch eine solche Form der Ernährung verbessern lassen – eine Empfehlung, der sich die Weltgesundheitsorganisation (WHO) anschließt.

Für wen ist Low Carb geeignet?

Eine Ernährung nach dem Low-Carb-Prinzip ist prinzipiell für jeden geeignet. Studien belegen, dass Menschen, die nach dem Low-Carb-Prinzip Lebensmittel mit einem hohen GI nur eingeschränkt zu sich nehmen, weniger Energie auf- und mehr Gewicht abnehmen – und dies in kürzester Zeit. Wer viele ungünstige Kohlenhydrate in Form von Gebäck, Süßigkeiten, Fast Food oder Snacks zu sich nimmt, dem helfen Low-Carb-Ernährungskonzepte, die eigenen Essgewohnheiten dauerhaft auf eine gesündere Ernährungsweise umzustellen. Eine Low-Carb-Ernährung nach dem Konzept des glykämischen Indexes ist vor allem für all diejenigen geeignet, die sich nicht nur gesund ernähren, sondern auch langfristig Gewicht verlieren möchten. Low Carb ist außerdem bei der Behandlung und Prävention von Diabetes Typ II die erste Wahl.

Weniger geeignet ist eine Ernährung nach dem Low-Carb-Prinzip hingegen für Schwangere. Denn Kohlenhydrate sind entscheidend für die Entwicklung des Gehirns beim Fötus. Auch Menschen mit einer Schilddrüsenunterfunktion sollten hier vorsichtig sein. Low Carb senkt den Insulinspiegel, was eine Schilddrüsenunterfunktion verstärken kann. Schließlich benötigt die Schilddrüse Insulin, um aus dem inaktiven T4- das aktive T3-Hormon zu bilden. Auch für Patienten mit Nieren- oder Leberleiden ist Low Carb eher ungeeignet. Insbesondere bei No-Carb-Varianten werden große Mengen an Kalzium über den Urin ausgeschieden, was die Entgiftungsorgane zusätzlich belastet. No-Carb-Varianten haben sich auf der anderen Seite als begleitende Ernährung zur Therapie von Stoffwechselerkrankungen wie Alzheimer, Parkinson, Epilepsie sowie bei einigen Krebsarten bewährt.

Die „Goldenen Low-Carb-Regeln“

So positiv sich eine Ernährung nach Low-Carb-Prinzipien auch auswirken kann, einige „Grundregeln“ sollte man stets beachten, um den gewünschten Effekt zu erzielen und dabei gesund zu leben. Folgendes sind die wichtigsten „Regeln“.

Viel Eiweiß, wenig Kohlenhydrate, gesunde Fette!

Bei einer Low-Carb-Ernährung sind bis zu 35 Prozent Eiweißanteil in Ihrer Ernährung ein Muss. Ob Vegetarier, Fisch- oder Fleischfreund – nehmen Sie täglich mindestens 200 Gramm Proteine zu sich! Die Menge der Kohlenhydrate darf hingegen 120 Gramm bzw. 15 bis 30 Prozent ihrer Nahrungsaufnahme nicht überschreiten. Essenziell sind gesunde Fette. Ungesättigte pflanzliche Fette wie z. B. Oliven- und Rapsöl oder Fisch mit vielen Omega-3-Fettsäuren sollten dabei überwiegen.

Tolle Rezepte

Der Verzicht auf Pizza, Pasta und Sonntagsbrötchen fällt den wenigsten leicht! Wer sich im Vorfeld gut vorbereitet und tolle Rezepte heraussucht, freut sich auf den Start in ein neues Low-Carb-Leben. Am besten, Sie legen sich anfangs einen Wochenplan mit Gerichten zurecht, die Sie unbedingt probieren möchten.

Ein Naschtag pro Woche

Wer sich nie etwas gönnt, bekommt schlechte Laune und alle guten Vorsätze werden über Bord geworfen. Aber wenn man sich grundsätzlich an eine gesunde Low-Carb-Ernährung hält, gefährdet auch ein Naschtag den Abnehmerfolg nicht. Wenn Sie sich z. B. sonntags ein Stück Kuchen gönnen möchten oder samstags eingeladen sind, erlauben Sie es sich! Wichtig ist nur, dass Sie dabei nicht in ein „Alles-egal-Gefühl“ verfallen.

Fünf Portionen Obst und Gemüse täglich

Gerade bei einer eiweiß- und fettreichen Kost sind Ballaststoffe sehr wichtig. Vor allem dunkelgrüne Gemüsesorten sind sehr ballaststoffreich. Essen Sie daher zu jeder Mahlzeit zumindest eine Portion Obst oder Gemüse. So erhält Ihr Körper alle wichtigen Vitamine, Mineral- und Ballaststoffe, die er braucht.

Zwei bis drei Liter trinken!

Low Carb ist eine protein- und fettbetonte Ernährung, bei der viel Kalzium über den Urin ausgeschieden wird. Nehmen Sie daher viel Flüssigkeit zu sich, um Nieren und Leber zu unterstützen. Außerdem wird Durst auch oft als Hunger missinterpretiert. Mit einem Glas Wasser lässt sich ein kleines Hungergefühl daher oft sofort stillen. Treiben Sie viel Sport, benötigt Ihr Körper noch mehr Flüssigkeit. Generell sollten Sie bei einer kohlenhydratreduzierten Ernährung vorzugsweise Wasser oder ungesüßte Tees trinken. „Finger weg" heißt es hingegen bei Säften, süßen Softdrinks oder Alkohol.

Kein Alkohol

Alkohol ist appetitanregend und enthemmend. Viele gute Vorsätze sind bereits nach einem Bier oder einem Glas Wein über Bord geworfen. Zudem enthält Alkohol viel Zucker und hemmt den Fettstoffwechsel. Daher sollte er bei einer Low-Carb-Ernährung eher zu den Ausnahmen gehören.

Sport treiben

Sport ist bei jeder Diät ein wichtiger Motor, um den Stoffwechsel anzukurbeln. Hierbei werden Muskeln aufgebaut, die auch im Ruhezustand den Grundumsatz steigern. Gerätetraining ist hier am effektivsten. Wenn Sie sich für keine Sportart begeistern können, versuchen Sie, mehr Bewegung in Ihren Alltag einzubauen. Fahren Sie mit dem Rad zur Arbeit oder nehmen Sie die Treppe statt den Fahrstuhl.

Konzentration auf das Wesentliche

Bei einer Low-Carb-Ernährung stehen einige Lebensmittel auf der Don't-Liste. Fatal, wenn Ihre Gedanken jetzt nur noch um das Verbotene kreisen. Konzentrieren Sie sich stattdessen auf die tollen Low-Carb-Gerichte, die Sie entdecken möchten.

eat
me

Kreativ tauschen

Wer sich für eine Low-Carb-Ernährung entscheidet, muss nicht zwangsläufig für den Rest seines Lebens Steak und Salat essen. Wer Pasta, Reis und Co. vermisst, findet zu den heiß geliebten Kohlenhydratbomben viele Alternativen.

Spaghetti aus Gemüse

Versuchen Sie als Pasta-Ersatz doch einfach mal Gemüse-Spaghetti! Einfach Zucchini und Möhren mit dem Gemüseschäler oder einer speziellen Küchenmaschine zu Spaghetti schneiden und mit einer passenden Soße (z. B. Carbonara) zubereiten.

Kokos- und Mandelmehl statt Weißmehl

Wer's low carb „gebacken bekommen" möchte, für den sind diese beiden Mehlsorten eine gute Alternative zum Weizen.

Blumenkohlpüree statt Kartoffelbrei

Kohlsorten sollten bei Low-Carb-Anhängern hoch im Kurs stehen. Geschmacklich sind sie ein fabelhafter Ersatz für Kartoffeln, haben aber fast sechsmal weniger Kohlenhydrate. Warum also nicht das Kartoffel- durch Blumenkohlpüree ersetzen!

Dolce Vita mit Stevia oder Xylit

Nicht nur Zucker macht das Leben süß. Im Reformhandel finden Sie mit Stevia oder Xylit gesunde pflanzliche Alternativen, die Obst und Selbstgebackenes ebenso gut süßen.

Quinoa statt Reis

Quinoa enthält viele hochwertige Proteine und Ballaststoffe und besitzt einen hohen Eisen- und Magnesiumanteil. So ist das Pseudogetreide, das sich einer immer größeren Beliebtheit erfreut, die perfekte Alternative zu Reis oder Couscous. Zu finden ist es ebenfalls im Reformhaus sowie in den Bioabteilungen gut sortierter Drogeriemärkte.

Müsli mit Chiasamen

Haferflocken zum Frühstück machen lange satt. Wer diesen Effekt verstärken möchte, gibt noch Chiasamen hinzu. In Milch, Saft oder Wasser verändern die Samen ihre Konsistenz. Sie werden zu gelartigen Kugeln. Dabei vergrößert sich ihr Gewicht um das Neun- bis Zehnfache. Ein echter Sattmacher!

Frisches Obst statt Marmelade

Schon mal ein Vollkornbrot mit Bananenscheiben probiert? Oder eine Reiswaffel mit frisch pürierten Erdbeeren bestrichen? Frisches Obst bietet zuckerarme geschmackliche Alternativen zum herkömmlichen Marmeladenbrötchen. Wer will, kann die Brotaufstriche zusätzlich mit Stevia, Zimt oder Vanillemark verfeinern. Ein Rezept für eine schnelle und kohlenhydratarme Himbeer-Marmelade aus frischen Früchten finden Sie außerdem auf S. 42.

Gemüse- statt Kartoffelchips

Wer beim Fernsehen gerne knabbert, der sollte vorher mal kurz den Ofen anwerfen. Einfach Möhren-, Kohlrabi- oder Rote-Bete-Scheiben nach Gusto mit Salz, Paprika, Thymian oder Rosmarin würzen und kurz im Ofen rösten. So steht einem genussvollen TV-Event nichts mehr im Wege.

Versteckte Kohlenhydrate

Ein Problem bei der Umsetzung der Low-Carb-Ernährung sind versteckte Kohlenhydrate wie Zucker und Stärke. Wer sich low carb ernähren möchte, sollte daher beim Einkaufen einiges beachten und aufmerksam sein, denn oft lauern die unerwünschten Kohlenhydrate in Lebensmitteln, in denen wir sie auf den ersten Blick überhaupt nicht vermuten würden. Einige Beispiele für versteckte Kohlenhydrate lernen Sie im Folgenden kennen.

- **Fertige Soßen**: In Ketchup, Senf und vielen Grill- wie Salatsoßen steckt jede Menge Zucker. Daher lohnt es sich, Soßen selbst anzurühren.

- **Gewürzmischungen:** Ihr Geschmack wird industriell oft mit Zucker intensiviert. Einige enthalten auch Stärke zur Bindung. Wer hier auf Nummer sicher gehen will, legt sich einen Vorrat an Gewürzen an, die er beim Kochen selbst mischt.
- **Soßenbinder:** Da diese Stärke enthalten, können Sie alternativ auf Gemüse als Bindemittel zurückgreifen. Vorgekochte Kichererbsen sind hier eine gute Alternative.
- **Konserven:** Rote Bete, Gewürzgurken, Tomaten, Mais, Erbsen – sie alle werden gern in der Dose gekauft. Aber Achtung! Auch hier wird oft mit Zucker konserviert. Daher lieber alles frisch kaufen und zubereiten.
- **Mariniertes Fleisch:** Beim Metzger lohnt sich die Nachfrage, ob in der Marinade nicht Zucker oder Stärke steckt. Bei abgepacktem Fleisch werfen Sie am besten einen Blick auf die Inhaltsstoffe.
- **Light-Produkte:** In ihnen ist der Fettanteil gern durch Zucker bzw. Kohlenhydrate ersetzt – auch bei Milchprodukten. Ein Blick auf die Nährwerttabelle ist ratsam.
- **Low-Carb-Fertiggerichte:** Der Low-Carb-Markt boomt und die Lebensmittelindustrie bietet auch hier viele leckere Convenienceprodukte an. Diese sind jedoch mit Vorsicht zu genießen. Denn viele enthalten Zusatzstoffe, die für eine Low-Carb-Ernährung ungeeignet sind. Ein Beispiel ist Maltit, das eine ähnliche Wirkung wie Zucker hat.

Generell ist es ratsam, bei allen fertigen Produkten immer einen Blick auf die Nährwerttabelle zu werfen. Sie verrät, ob und wie viele Kohlenhydrate sich in einem Lebensmittel verstecken.

Low Carb im Berufsalltag

Eine Low-Carb-Ernährung hat also viele gesundheitliche Vorteile und hilft beim Erreichen der Traumfigur. Und eine leichte und gesunde Ernährungsweise ist auch für Berufstätige, die nicht viel Zeit haben, durchaus machbar. Zum einen finden Sie im Rezeptteil viele Gerichte, die wenige Zutaten benötigen, nicht viel Zeit beanspru-

chen oder bei denen der Ofen den Hauptanteil der Arbeit erledigt. Zum anderen gibt es auch ein paar kleine Tricks, die Ihnen die Ernährungsumstellung erleichtern, auch wenn es mal hektisch wird.

Altbewährte Hausfrauenstrategie im neuen Gewand: Meal Prep

Dieser Food-Trend ist gerade in aller Munde: Meal Prep. Hinter dem englischen Schlagwort verbirgt sich das ganz einfache Vorkochen. Hierfür wird meist am Wochenende kräftig geschnippelt, gekocht und gebraten und dann portionsweise eingefroren oder im Kühlschrank verstaut. Meist wird so das Mittagessen fürs Büro für eine ganze Woche vorbereitet. Zum praktischen Lagern und Transportieren der Gerichte haben sich die sogenannten Meal-Prep-Boxen eingebürgert. Die wiederverwendbaren und spülmaschinenfesten Behältnisse sind meist in einzelne Fächer unterteilt, sodass unterschiedliche Bestandteile des Mittagessens wie Salat, Obststücke oder Eintopf sauber getrennt voneinander transportiert werden können. Aber auch die klassische Tupperware, die so gut wie jeder Haushalt besitzt, eignet sich für die Lagerung und den Transport des Mittagessens.

Die Vorteile guter Vorbereitung

Das A und O des Meal Prep ist natürlich die Planung. Die Erstellung eines Essensplans für die nächste Woche ist also Pflicht. Was sich erst nach viel Arbeit anhört, ist jedoch eine enorme Zeitersparnis. Denn wer samstags seinen Wocheneinkauf erledigt und sonntags das Mittagsessen für die nächsten Tage vorbereitet, kann sich unter der Woche entspannt zurücklehnen. Man nimmt sich am Morgen einfach seinen vorbereiteten Lunch mit und kann dann in der Arbeit ein leichtes und gesundes Mittagessen genießen.

Auch das Vorkochen einzelner Bestandteile von verschiedenen Gerichten, kann viel Zeit ersparen. Viele Low-Carb-Gerichte benötigen beispielsweise Quinoa. Das sättigende Pseudogetreide kann gut vorgekocht werden und hält sich luftdicht verpackt ungefähr eine Woche im Kühlschrank. Gerichte wie der Quinoa-Porridge mit Beeren (siehe S. 36), der mexikanische Quinoasalat (siehe S. 87) oder die Hähnchenbrust auf Quinoa-Gemüse (siehe S. 116) sind so schnell und unkompliziert zubereitet. Auch das Waschen bzw. Schälen und Schneiden von vielen robusten Gemüsesorten wie Möhren, Brokkoli, Blumenkohl, Rote Bete oder Pastinaken lässt sich gut im Voraus erledigen und beschleunigt die Zubereitung von Feierabendgerichten ungemein.

Ein weiterer Zubereitungstrend sind die sogenannten Overnight Oats, die sich auch wunderbar als Low-Carb-Variante zubereiten lassen. Hierfür ziehen Haferflocken oder verschiedene Pseudogetreide in einer Flüssigkeit wie Milch, Wasser oder Saft über Nacht im Kühlschrank. Zusammen mit Obst oder Nüssen angerührt, sind die Overnight Oats ein tolles und schnelles Frühstück. Probieren Sie einfach mal die leckeren Kürbis-Chia-Overnight-Oats (siehe S. 46) und lassen Sie sich inspirieren.

Lunch im Glas

Lunch im Glas heißt ein weiterer Food-Trend, der nicht nur optisch in der Mittagspause neue Akzente setzt. Und das hat seinen Grund, schließlich hat das selbst zubereitete und handlich in Gläser verpackte „Mittagessen to go“ zahlreiche Vorteile: Viele Low-Carb-Gerichte wie z. B. Salate oder Suppen lassen sich nämlich prima im Glas mitnehmen. Mit selbst gemachten Leckerbissen im Glas sind Sie außerdem flexibel, da Sie hierbei unabhängig von Öffnungs- und Wartezeiten in Restaurant, Imbiss oder Kantine sind. Da Sie Ihren Lunch im Glas kalt genießen oder nur kurz aufwärmen können, sparen Sie sich beim Mittagessen Zeit und haben mehr Freiraum für andere Dinge.

Tipps und Tricks fürs Mittagessen im Glas

Inzwischen hat das Einmachglas also den Sprung vom Vorrats- zum Transportbehälter geschafft. Im Prinzip sind daher für Ihren Lunch im Glas alle Gläser geeignet, die Sie auch zum Einmachen verwenden können. Wichtig sind dabei nur folgende zwei Aspekte: Zum einen muss das Glas luftdicht verschließbar sein, zum anderen sollte die Größe des Glases Ihrem mittäglichen Appetit entsprechen. So eignen sich kleine Marmeladegläser z. B. allenfalls für kleine Snacks und Desserts, Vorspeisen oder Dressings. Soll es hingegen eine sättigende Low-Carb-Mahlzeit sein, z. B. der mexikanische Quinoasalat (siehe S. 87) oder der gemischte Salat mit Avocadodressing (siehe S. 101), benötigen Sie dafür ein größeres Glas.

Viele Lunch-im-Glas-Gerichte sind nicht nur geschmacklich, sondern auch optisch eine Bereicherung für jeden Mittagstisch. Besonders ansprechend sind geschichtete

Speisen, bei denen jeder Essensbestandteil seine eigene Lage bekommt. Hierbei sollte jedoch eine bestimmte Reihenfolge eingehalten werden, denn nicht alles, was gut aussieht, macht auch geschmacklich Sinn. Prinzipiell gilt: je leichter, desto höher und je schwerer, desto tiefer schichten! Folgende Reihenfolge empfiehlt sich beim Schichten, damit die einzelnen Zutaten bis zum Verzehr keinen Schaden nehmen:

Erste Schicht: Marinade, Dressing oder Soße

Zweite Schicht: schwere Zutaten wie Avocados, Cocktailtomaten, Gurken, Hülsenfrüchte oder Möhren

Dritte Schicht: leichte Zutaten wie Quinoa, Erbsen, Tomaten und Zwiebeln

Vierte Schicht: Toppings wie z. B. Nüsse, Sprossen, Kräuter und Salatblätter

Vorbereitung, Planung und Motivation

Jetzt sind Sie low carb mit allen Wassern gewaschen, kennen die „Goldenen Regeln" und die besten Tipps für ein Low-Carb-Leben im Arbeitsalltag. Aber sind Sie auch wirklich auf eine Ernährungsumstellung vorbereitet? Wer lieb gewonnene und lebenslang eingespielte Essgewohnheiten über Bord wirft, um mit Low Carb gesünder zu leben oder abzunehmen, der muss damit rechnen, dass eine solche Umstellung nicht leicht ist. Machen Sie sich am besten einen Wochenplan mit spannenden Rezepten, die Sie unbedingt kennenlernen möchten. Beherzigen Sie außerdem die Grundregeln, experimentieren Sie mit Zutaten und bauen Sie auch Ihre Lieblingsspeisen ein, die bei der Low-Carb-Ernährung erlaubt sind. So ist täglich etwas dabei, worauf Sie sich freuen können.

Und wenn Sie dennoch einmal rückfällig werden, seien Sie nicht zu streng zu sich! Der Verzicht auf Brot, Nudeln, Kartoffeln und Reis – Lebensmittel, die bis vor Kurzem einen Großteil Ihrer Ernährung bestimmt haben – ist sehr schwer. Vielleicht brauchen Sie einfach mehrere Anläufe, um sich an ein Low-Carb-Leben zu gewöhnen. Eine Sünde ist nicht schlimm, wenn Sie danach einfach wieder ins Programm einsteigen! Wir wünschen Ihnen dabei viel Erfolg und ein genussvolles Leben!

Frühstück

SPINAT-FETA-OMELETTE

Zutaten für 4 Portionen

8 Eier, 100 ml Milch,
1 Frühlingszwiebel,
½ Pck. Rahmspinat (TK-Produkt),
200 g Feta, Salz,
frisch gemahlener Pfeffer,
2 EL Öl

Zubereitungszeit *ca. 25 Min. + ca. 5 Min. Backzeit*

Nährwertangaben

pro Portion: 385 kcal,
24 g Eiweiß, 29 g Fett,
6 g Kohlenhydrate

1. Eier in eine Schüssel geben. Milch zufügen und verrühren. Mit Salz und Pfeffer würzen. Frühlingszwiebel putzen, waschen und in dünne Röllchen schneiden. Öl in einem Topf erhitzen und Frühlingszwiebel darin andünsten. Spinat zugeben und erhitzen. Mit Salz und Pfeffer abschmecken. Feta klein würfeln. Backofen auf 200 °C (Umluft: 180 °C) vorheizen.

2. Öl in einer Pfanne erhitzen und ¼ der Eimasse zugeben. Bei geringer Hitze leicht stocken lassen. ¼ Spinat und Feta darauf verteilen, Omelette zusammenklappen und in eine Auflaufform legen. Mit den restlichen Omeletts ebenso verfahren. Spinat-Feta-Omeletts im vorgeheizten Backofen ca. 5 Minuten backen und heiß servieren.

LUFTIG-LEICHTES CLOUD BREAD

Zutaten für ca. 8 Stück

3 Eier,
100 g Doppelrahmfrischkäse,
1 Prise Salz,
1 EL Backpulver

Zubereitungszeit *ca. 10 Min. + ca. 25 Min. Backzeit*

Nährwertangaben

pro Stück: 60 kcal,
3 g Eiweiß, 5 g Fett,
1 g Kohlenhydrate

1. Backofen auf 150 °C (Umluft: 130 °C) vorheizen. Eier trennen. Eigelbe mit Frischkäse in einer Schüssel verrühren. Backpulver darüber sieben und zügig unterrühren. Eiweiße mit Salz steif schlagen und portionsweise unter die Frischkäse-Ei-Masse heben.

2. Backblech mit Backpapier auslegen und die Frischkäse-Ei-Masse als kleine Kleckse darauf setzen (ausreichend Abstand lassen). Im vorgeheizten Backofen ca. 25 Minuten backen. Etwas auskühlen lassen.

Tipp Cloud Bread gibt es auch als süße Variante. Hierfür einfach einige Spritzer Flüssigsüßstoff und etwas Zimt mit in den Teig geben.

HERZHAFTE FRÜHSTÜCKS-MUFFINS

Zutaten für ca. 9 Stück

1 EL Öl und etwas Öl für die Form, 350 g Brokkoli, 1 Schalotte, 3 Eier, 25 g Mandelmehl, 50 g geriebener Käse (z. B. Gouda), Salz, frisch gemahlener Pfeffer, Kräuter nach Belieben

Zubereitungszeit *ca. 15 Min. + ca. 30 Min. Backzeit*

Nährwertangaben

pro Stück: 81 kcal,
6 g Eiweiß, 5 g Fett,
2 g Kohlenhydrate

1. Backofen auf 180 °C (Umluft: 160 °C) vorheizen. Muffinform mit Öl ausstreichen. Brokkoli putzen, waschen, in Röschen teilen und klein schneiden. Schalotte schälen und klein würfeln. Öl in einer Pfanne erhitzen und Gemüse darin andünsten. Mit Salz, Pfeffer und Kräutern abschmecken.

2. Eier in eine Schüssel geben und mit Mandelmehl und geriebenem Käse verrühren. Gemüse zugeben und alles gut vermischen. In die Muffinform füllen und im vorgeheizten Backofen ca. 30 Minuten backen.

EIERWOLKEN MIT KÄSE

Zutaten für 2 Portionen

4 Eier, 4 Scheiben Kochschinken,
2 EL geriebener Parmesan,
1 EL klein gehackter Schnittlauch,
Salz, frisch gemahlener Pfeffer

Zubereitungszeit *ca. 10 Min. + ca. 6 Min. Backzeit*

Nährwertangaben

pro Portion: 267 kcal,
28 g Eiweiß, 16 g Fett,
2 g Kohlenhydrate

1. Backofen auf 200 °C (Umluft: 180 °C) vorheizen. Backblech mit Backpapier auslegen. Eier trennen. Eiweiße steif schlagen. Kochschinken in Würfel schneiden und mit Parmesan unter den Eischnee heben. 4 Eischnee-Wolken auf das Backpapier geben. Mit einem Löffel in der Mitte der Wolken eine Vertiefung formen.

2. Wolken im vorgeheizten Backofen ca. 3 Minuten backen. Backblech aus dem Ofen nehmen und jeweils 1 Eigelb in die Mitte der Eierwolken geben. Mit Salz und Pfeffer würzen und weitere ca. 2–3 Minuten backen, bis das Eigelb stockt. Mit Schnittlauch bestreut servieren.

CHIA-BRÖTCHEN

Zutaten für 2 Stück

1 Ei, 1 EL Magerquark, ½ EL Frischkäse,
20 g geriebener Käse (z. B. Gouda),
1 TL Backpulver, 1 Prise Salz,
3 EL Flohsamenschalen, 1 EL Chiasamen,
½ EL geschroteter Leinsamen

Zubereitungszeit *ca. 10 Min. + ca. 30 Min. Backzeit*

Nährwertangaben

pro Stück: 149 kcal,
10 g Eiweiß, 9 g Fett,
4 g Kohlenhydrate

1. Backofen auf 200 °C (Umluft: 180 °C) vorheizen. Backblech mit Backpapier auslegen. Alle Zutaten gut miteinander verrühren.

2. Aus dem Teig 2 Teiglinge formen und auf das Backpapier legen. Teiglinge mit einem scharfen Messer kreuzweise ca. 1 Zentimeter tief einschneiden. Im vorgeheizten Backofen ca. 20–30 Minuten goldbraun backen. Auf einem Backgitter auskühlen lassen.

Tipp Die Chia-Brötchen sind auch am nächsten Tag noch super schmackhaft. Einfach mit etwas Wasser bespritzen und kurz im Backofen aufbacken.

SAHNE-SOJAJOGHURT-CREME MIT ERDBEEREN

Zutaten für 4 Portionen

400 g Erdbeeren, 450 g Sojajoghurt,
3 Tropfen Vanillearoma,
2 Spritzer Zitronensaft,
Süßstoff nach Belieben, 200 g Sahne

Zubereitungszeit *ca. 15 Min.*

Nährwertangaben

pro Portion: 235 kcal,
7 g Eiweiß, 18 g Fett,
10 g Kohlenhydrate

1. Erdbeeren waschen, Strunk entfernen und klein schneiden. Sojajoghurt mit Vanillearoma, Zitronensaft und Süßstoff vermischen.

2. Sahne steif schlagen und unter die Sojajoghurtmasse heben. Mit Erdbeeren dekorieren und servieren.

Tipp Pro 100 Gramm haben Erdbeeren nur etwa 32 Kilokalorien und 6 Gramm Kohlenhydrate. Zudem sind sie reich an Ballaststoffen, Vitaminen und Mineralien.

QUINOA-PORRIDGE MIT BEEREN

Zutaten für 1 Portion

50 g Quinoa, 200 g griechischer Joghurt, 100 ml Kokosmilch, 100 g Himbeeren , 100 g Heidelbeeren, Süßstoff nach Belieben, Zimt nach Belieben

Zubereitungszeit *ca. 25 Min.*

Nährwertangaben

pro Portion: 701 kcal, 15 g Eiweiß, 45 g Fett, 54 g Kohlenhydrate

1. Quinoa nach Packungsanleitung kochen. Abkühlen lassen. In eine Schüssel geben und mit Joghurt und Kokosmilch vermischen. Nach Belieben mit Süßstoff süßen und mit Zimt verfeinern.

2. Beeren waschen und trocken tupfen. Quinoa-Porridge mit Beeren servieren.

Tipp Für einen guten Start in den Tag lässt sich das Quinoa-Porridge prima am Vorabend vorbereiten und eignet sich auch hervorragend als gesundes Frühstück im Büro.

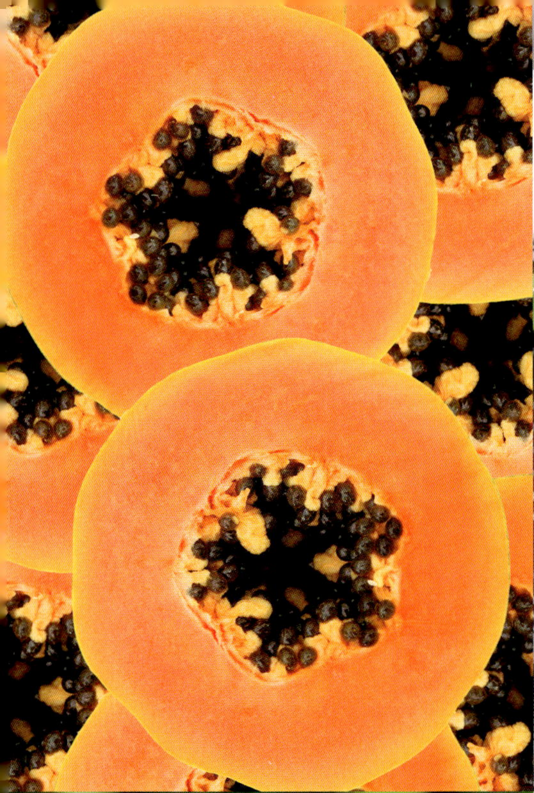

Vorteile und Empfehlungen

Wer aus Angst vor zu vielen Kohlenhydraten Obst ganz aus seiner Ernährung streicht, ernährt sich unausgewogen. Denn zu einer ausgewogenen Ernährung gehören auch Vitamine, Mineralien, Ballaststoffe und Antioxidantien, die im Obst in Hülle und Fülle enthalten sind. Viele Obstsorten haben darüber hinaus eine sehr geringe Energiedichte. Und ein gesundes Obstdessert ist gegen den Süßhunger zwischendurch allemal besser als zuckerreiche Süßigkeiten aus dem Supermarkt!

Obst und Früchte

Viele schrecken bei Low Carb aufgrund der enthaltenen Kohlenhydrate in Form von Fruchtzucker und Stärke vor Obst etwas zurück. Dennoch hat Obst auch in der Low-Carb-Ernährung seinen festen Platz. Hier kommt es lediglich auf die Kohlenhydratmenge an. Obst mit wenigen Kohlenhydraten kann man bedenkenlos über den Tag verteilt genießen. Süßes Obst wie z. B. Weintrauben sollte hingegen nur in geringen Mengen verzehrt werden. Besonders kohlenhydratreich ist tropisches Obst wie Bananen, Mangos oder Ananas. Vor allem bei nachgezuckerten Obstkonserven ist Vorsicht geboten und auch tiefgekühltes Obst kann teilweise nachgezuckert sein. Nicht ideal für eine kohlenhydratarme Ernährung ist auch Trockenobst. Empfehlenswert sind hingegen z. B. Beeren wie Erdbeeren, Brombeeren oder Himbeeren, Papayas oder Zitronen, z. B. kombiniert mit Quark oder einfach pur genossen. Vor allem im Sommer ist das Angebot an Obstsorten wie Pfirsichen, Aprikosen und Melonen groß. Hier gilt es, mit Bedacht zu wählen, die Früchte abzuwiegen und den Kohlenhydratgehalt genau zu berechnen.

EIWEISSREICHE BANANEN-PANCAKES

Zutaten für 2 Portionen

2 Bananen, 4 Eier,
5 EL Eiweißpulver mit Vanillegeschmack,
50 ml Milch, 2 EL Öl

Zubereitungszeit *ca. 20 Min.*

Nährwertangaben

pro Portion: 641 kcal,
54 g Eiweiß, 30 g Fett,
36 g Kohlenhydrate

1. Bananen schälen und einige Scheiben für die Dekoration abschneiden. Restliche Bananen mit einer Gabel zerdrücken und in eine Schüssel geben. Eier zufügen und verrühren. Eiweißpulver und Milch zufügen und zu einem Teig verrühren. Ist der Teig zu fest, etwas Milch zugeben. Bei zu flüssigem Teig mehr Eiweißpulver zufügen.

2. Öl in einer Pfanne erhitzen. Eine Teigportion in die Pfanne geben und zu einem goldgelben Pancake backen. Mit dem restlichen Teig ebenso verfahren. Mit Bananenscheiben dekoriert servieren.

HIMBEER-MARMELADE MIT CHIASAMEN

Zutaten für 2 Portionen

200 g Himbeeren (frisch oder TK-Produkt),
½ Vanilleschote,
2 EL Chiasamen

Zubereitungszeit *ca. 5 Min. + ca. 30 Min. Quellzeit*

Nährwertangaben

pro Portion: 99 kcal,
3 g Eiweiß, 3 g Fett,
7 g Kohlenhydrate

1. Frische Himbeeren verlesen, waschen und trocken tupfen. TK-Produkt auftauen lassen. Himbeeren mit einem Stabmixer pürieren. Vanilleschote der Länge nach mit einem Messer halbieren und mit dem Messerrücken das Mark herauskratzen.

2. Himbeerpüree, Vanillemark und Chiasamen verrühren, in ein Glas füllen und mindestens 30 Minuten im Kühlschrank quellen lassen.

Tipp Die Himbeer-Marmelade mit Chiasamen sollte rasch aufgebraucht werden. Sie hält sich ca. 1 Woche im Kühlschrank.

KNUSPERMÜSLI LOW CARB

Zutaten für ca. 400 g (10 Portionen)

150 g gehackte Mandeln,
150 g gehackte Haselnüsse,
100 g Kernemischung (z. B. Sonnenblumenkerne, Kürbiskerne),
1 Eiweiß, 2 EL Honig,
1 Prise Salz, Zimt nach Belieben

Zubereitungszeit *ca. 10 Min. + ca. 1 Std. Backzeit*

Nährwertangaben

pro Portion: 262 kcal,
9 g Eiweiß, 22 g Fett,
5 g Kohlenhydrate

1. Backofen auf 130 °C (Umluft: 110 °C) vorheizen. Backblech mit Backpapier auslegen. Mandeln, Haselnüsse und Kernemischung in eine Schüssel geben und vermischen. In einer weiteren Schüssel Eiweiß mit Salz steif schlagen. Honig unter den Eischnee heben. Trockene Zutaten zugeben und alles gut verrühren.

2. Müslimischung gleichmäßig auf dem Backpapier verteilen. Im vorgeheizten Backofen ca. 1 Stunde trocknen. Zwischendurch ca. 2–3 Mal durchrühren. Abkühlen lassen. Luftdicht verschlossen hält sich das Knuspermüsli in einer Dose oder einem großen Glas ca. 4 Wochen. Nach Belieben mit etwas Zimt genießen.

KÜRBIS-CHIA-OVERNIGHT-OATS

Zutaten für 2 Portionen

160 g Kürbispüree (z. B. Hokkaidokürbis), 1 TL Zimt, 2 TL Kokosblütensirup, 1 Banane, 2 EL Chiasamen, 4 EL Haferflocken, 2 TL neutrales Eiweißpulver, 120 ml Mandelmilch, etwas Joghurt nach Belieben, grob gehackte Mandeln und Schokoraspel zum Garnieren

Zubereitungszeit *ca. 15 Min. + ca. 12 Std. Ruhezeit*

Nährwertangaben

pro Portion: 314 kcal,
25 g Eiweiß, 20 g Fett,
77 g Kohlenhydrate

1. Kürbispüree mit ½ Teelöffel Zimt und 1 Teelöffel Kokosblütensirup gut verrühren. Banane schälen und zerdrücken, Chiasamen, Haferflocken, Eiweißpulver, restlichen Kokosblütensirup, restlichen Zimt, Mandelmilch und 100 Milliliter Wasser zugeben und alles gut verrühren.

2. Chia-Oats mit Kürbispüree und nach Belieben etwas Joghurt verrühren. Über Nacht zugedeckt im Kühlschrank kalt stellen. Mit grob gehackten Mandeln und Schokoraspeln garnieren und bis zum Verzehr kalt stellen.

Tipp Für das Kürbispüree Backofen auf 180 °C (Umluft: 160 °C) vorheizen. Kürbis entkernen und in Stücke schneiden, auf ein mit Backpapier belegtes Backblech legen und ca. 20 Minuten weich garen. Mit dem Stabmixer fein pürieren. Oder Kürbisfleisch in Würfel schneiden und in wenig Wasser ca. 20 Minuten weich dünsten und mit einer Gabel zu Püree zerdrücken.

PFANNKUCHEN MIT HASELNÜSSEN

Zutaten für 1 Portion

2 Eier, 50 g gemahlene Haselnüsse, 5 ml flüssiger Süßstoff, 30 g neutrales Eiweißpulver, 1 TL Zimt und nach Belieben etwas Zimt zum Bestreuen, 1 Prise Salz, etwas Milch, 1 TL Öl

Zubereitungszeit *ca. 20 Min.*

Nährwertangaben

pro Portion: 641 kcal, 45 g Eiweiß, 47 g Fett, 7 g Kohlenhydrate

1. Eier, Haselnüsse, Süßstoff, Eiweißpulver, Zimt und Salz in eine Rührschüssel geben. Mit dem elektrischen Handrührgerät verrühren und so viel Milch zufügen, dass ein dickflüssiger Teig entsteht.

2. Öl in einer Pfanne erhitzen und eine kleine Schöpfkelle Teig hineingeben. Von beiden Seiten bei mittlerer Hitze goldbraun backen. Nach Belieben mit etwas Zimt bestreuen und servieren.

FRÜHSTÜCKS-PROTEIN-SMOOTHIE

Zutaten für 1 Portion

1 Banane, 100 g Erdbeeren, 200 g Magerquark,
25 g Eiweißpulver mit Vanillegeschmack,
1-2 Spritzer Zitronensaft

Zubereitungszeit *ca. 5 Min.*

Nährwertangaben

pro Portion: 349 kcal,
44 g Eiweiß, 2 g Fett,
36 g Kohlenhydrate

1. Banane schälen und klein schneiden. Erdbeeren waschen, putzen und klein schneiden. Eine Bananenscheibe und eine Erdbeere für die Dekoration beiseitelegen. Restliche Banane und Erdbeeren sowie Quark und Eiweißpulver in einen Mixer geben und kräftig mixen. Falls der Smoothie zu dickflüssig ist, etwas Wasser zugeben. Mit Zitronensaft abschmecken und mit Bananenscheibe und Erdbeere garniert servieren.

Tipp Die Obstsorten lassen sich beliebig variieren. Probieren Sie den Frühstücks-Protein-Smoothie mit Banane und Himbeeren oder mit Banane und Mango. Statt Zitronensaft schmeckt auch 1 Schuss Orangensaft.

Snacks für zwischen-durch

PANIERTE ZUCCHINI-POMMES

Zutaten für 2 Portionen

2 große Zucchini, 50 g gemahlene Mandeln,
30 g geriebener Parmesan,
1 EL Oregano, 1 Ei, Salz,
etwas Petersilie zum Garnieren

Zubereitungszeit *ca. 20 Min. + ca. 15 Min. Backzeit*

Nährwertangaben

pro Portion: 326 kcal,
21 g Eiweiß, 22 g Fett,
11 g Kohlenhydrate

1. Backofen auf 240 °C (Umluft: 220 °C) vorheizen. Backblech mit Backpapier auslegen. Zucchini putzen, waschen und in dicke Stifte schneiden. Mandeln, Parmesan und Oregano in einem tiefen Teller vermischen. Ei mit Salz in einer Schüssel verschlagen.

2. Zuchinistifte in die Schale mit Ei tauchen und in der Mandel-Parmesan-Mischung wenden. Panierte Zucchini-Pommes auf das Backpapier legen und im vorgeheizten Backofen ca. 10–15 Minuten goldbraun backen. Petersilie hacken und über die Zucchini-Pommes streuen.

Tipp Zucchini-Pommes schmecken lecker zu einem selbstgemachten Paprika-Sesam-Dip (siehe S. 60) oder Kräuter-Dip (siehe S. 61).

PARMESAN-GOUDA-CHIPS MIT KNOBLAUCH-DIP

Zutaten für 4 Portionen

150 g Parmesan, 100 g geriebener Gouda,
1 EL getrockneter Oregano, 1 Knoblauchzehe,
150 g Doppelrahmfrischkäse, Salz,
frisch gemahlener Pfeffer

Zubereitungszeit *ca. 25 Min. + ca. 15 Min. Backzeit*

Nährwertangaben

pro Portion: 327 kcal,
21 g Eiweiß, 27 g Fett,
3 g Kohlenhydrate

1. Backofen auf 180 °C (Umluft: 160 °C) vorheizen. Backblech mit Backpapier auslegen. Parmesan grob raspeln und mit geriebenem Gouda in einer Schüssel mischen.

2. Käsemischung portionsweise in kleinen Häufchen auf dem Backpapier verteilen. Mit Oregano bestreuen und mit einem Löffel flach drücken.

3. Im vorgeheizten Backofen ca. 15 Minuten backen. Abkühlen lassen und überschüssiges Fett auf Küchenkrepp abtropfen lassen. Knoblauch schälen und fein hacken. Mit Frischkäse verrühren und mit Salz und Pfeffer abschmecken. Parmesan-Gouda-Chips mit Knoblauch-Dip servieren.

WÜRZIGE EDAMAME

Zutaten für 2 Portionen

500 g Edamame (frisch oder TK-Produkt), 2 Knoblauchzehen, 1 Stück Ingwer (ca. 2 cm), 1 rote Chilischote, 2 TL Sojasoße, Salz, 3 TL Sesamöl

Zubereitungszeit *ca. 15 Min.*

Nährwertangaben

pro Portion: 264 kcal, 21 g Eiweiß, 13 g Fett, 9 g Kohlenhydrate

1. Edamame in einen Topf mit kochendem Salzwasser geben und ca. 5 Minuten garen. Knoblauch und Ingwer schälen und fein hacken. Chilischote waschen, halbieren, Kerne herausschneiden und in feine Ringe schneiden.

2. Sesamöl in einer Pfanne erhitzen. Knoblauch, Ingwer und Chili bei mittlerer Hitze darin anbraten. Sojasoße zugeben. Edamame über ein Sieb abgießen, zugeben, alles verrühren und ca. 1 Minute ziehen lassen.

Tipp Die Sojabohnen werden ohne Hülsen gegessen. Hierfür nimmt man die Schote in den Mund, schiebt die Bohnen mit den Zähnen heraus und wirft die Schoten weg.

Dips

Ein wunderbarer Low-Carb-Snack sind Gemüsesticks – und dazu ein leckerer Dip aus dem Glas. Auch viele andere Gerichte und Snacks, die unterwegs oder im Büro aus der Hand gegessen werden, lassen sich mit einem würzigen Dip aufpeppen.

Paprika-Sesam-Dip

Für 8 Portionen: 2 Gläser Röstpaprika (à 370 ml) abtropfen lassen und grob klein schneiden. Mit 5 Esslöffeln Tahin (Sesampaste) fein pürieren. 2 Esslöffel Sesam in einer Pfanne ohne Fettzugabe rösten und unterrühren. Mit Salz und Pfeffer abschmecken.

Auberginen-Dip

Für 4 Portionen: Etwas Öl in einer Pfanne erhitzen und 1 Aubergine darin von allen Seiten anbraten, bis die Haut knusprig ist. Abkühlen lassen, schälen und Fruchtfleisch klein schneiden. 3 Knoblauchzehen und ½ Zwiebel schälen und beides grob hacken. Aubergine, Knoblauch und Zwiebel pürieren. 4 Esslöffel Olivenöl einrühren und mit etwas Salz und Pfeffer abschmecken.

Kräuter-Dip

Für 8 Portionen: 175 g Frischkäse, 1 ½ Becher Crème fraîche und 3 Esslöffel saure Sahne zu einer homogenen Masse verrühren. Gehackte gemischte Kräuter nach Geschmack sowie etwas Salz und Pfeffer zugeben und alles verrühren.

Rote-Bete-Hummus

Für 4 Portionen: Ofen auf 175 °C (Umluft: 155 °C) vorheizen. 1 Rote Bete in Alufolie einwickeln und im vorgeheizten Ofen ca. 1 Stunde rösten. Abkühlen lassen, schälen und würfeln. 2 Knoblauchzehen schälen und zerkleinern. Beides mit 375 Gramm gekochten Kichererbsen, Schale von 1 unbehandelten Zitrone, Saft von ½ Zitrone und 2 Esslöffeln Tahin mit dem Pürierstab pürieren und mit 50–60 Millilitern Olivenöl zu einer Paste verrühren. Mit Salz und Pfeffer abschmecken.

APFEL-ZIMT-COOKIES

Zutaten für ca. 20 Stück

100 g Butter,
4 Eigelb, 1 Apfel,
60 g Walnüsse,
100 g Mandelmehl,
70 g Xylit, 2 TL Zimt

Zubereitungszeit *ca. 20 Min. + ca. 15 Min. Backzeit*

Nährwertangaben

pro Stück: 100 kcal,
3 g Eiweiß, 8 g Fett,
1 g Kohlenhydrate

1. Backofen auf 170 °C (Umluft: 150 °C) vorheizen. Backblech mit Backpapier auslegen. Butter in einen kleinen Topf geben und bei geringer Hitze schmelzen. Etwas abkühlen lassen. Mit Eigelben verrühren. Apfel waschen, halbieren, Kerngehäuse entfernen und Fruchtfleisch klein würfeln. Walnüsse grob hacken.

2. Apfelwürfel, Walnüsse, Mandelmehl, Xylit und Zimt zur Butter-Eigelb-Mischung geben und alles gut verrühren. Mithilfe von 2 Teelöffeln ca. walnussgroße Häufchen auf das Backpapier setzen (genügend Abstand lassen). Ca. 12–15 Minuten im vorgeheizten Backofen backen. Apfel-Zimt-Cookies mit dem Backpapier vom Backblech ziehen und auf einem Kuchengitter auskühlen lassen.

OBSTSALAT MIT JOGHURT

Zutaten für 1 Portion

1 Nektarine,
50 g Himbeeren und Heidelbeeren,
1 TL Zitronensaft,
1 TL Orangensaft,
50 g Joghurt,
25 g Doppelrahmfrischkäse,
Minzeblättchen zum Garnieren

Zubereitungszeit *ca. 15 Min.*

Nährwertangaben

pro Portion: 174 kcal,
5 g Eiweiß, 8 g Fett,
21 g Kohlenhydrate

1. Nektarine waschen, entkernen und in Stücke schneiden, Beeren waschen und verlesen. Zitronen- und Orangensaft mit Joghurt und Frischkäse verrühren.

2. Früchte und Creme im Wechsel in ein Glas schichten und mit Minzeblättchen garnieren. Bis zum Verzehr im Kühlschrank aufbewahren.

Tipp Wenn Sie dem Obstsalat noch 2 Esslöffel Low-Carb-Knuspermüsli (siehe S. 44) zugeben, wird die Mischung richtig schön knackig.

CRANBERRY COOKIES

Zutaten für ca. 9 Stück

50 g Edelbitterschokolade (75–90 % Kakaoanteil), 30 g getrocknete Cranberrys, 1 Ei, 15 g zimmerwarme Butter, 25 g Xylit, ½ Fläschchen Butter-Vanille-Aroma, 80 g gemahlene Mandeln, 3 TL Flohsamenschalen, ½ TL Backpulver

Zubereitungszeit *ca. 10 Min. + ca. 15 Min. Backzeit*

Nährwertangaben

pro Stück: 127 kcal, 3 g Eiweiß, 10 g Fett, 4 g Kohlenhydrate

1. Backofen auf 190 °C (Umluft: 170 °C) vorheizen. Backblech mit Backpapier auslegen. Schokolade und Cranberrys klein hacken. Ei, Butter, Xylit und Butter-Vanille-Aroma schaumig schlagen. Mandeln, Flohsamenschalen und Backpulver miteinander vermischen und unterrühren. Schokolade und Cranberrys unterheben.

2. Teig in ca. 9 Portionen teilen und gleich große Kugeln formen. Kugeln auf das Backpapier setzen (genügend Abstand lassen) und etwas flach drücken. Im vorgeheizten Backofen ca. 15 Minuten backen. Cranberry Cookies mithilfe des Backpapiers auf einen Kuchengitter ziehen und auskühlen lassen.

ZIMT-OOPSIES

Zutaten für 2 Stück

2 Eier, 1 Prise Salz, 50 g Magerquark,
2 gehäufte TL Eiweißpulver mit Vanillegeschmack,
1 TL Zimt, 2 Msp. Backpulver,
Süßstoff nach Belieben

Zubereitungszeit *ca. 10 Min. + ca. 20 Min. Backzeit*

Nährwertangaben

pro Stück: 132 kcal,
17 g Eiweiß, 6 g Fett,
3 g Kohlenhydrate

1. Backofen auf 170 °C (Umluft: 150 °C) vorheizen. Eier trennen. Eiweiße mit Salz steif schlagen. Eigelbe mit Quark, Eiweißpulver, Zimt und Backpulver vermischen und alles gut verrühren. Nach Belieben mit Süßstoff abschmecken. Eischnee vorsichtig unterheben.

2. Backblech mit Backpapier belegen. Masse als kleine Kleckse daraufsetzen (genügend Abstand lassen). Im vorgeheizten Backofen ca. 20 Minuten backen, bis die gewünschte Bräune erreicht ist. Warm essen oder etwas auskühlen lassen.

Tipp Zimt-Oopsies schmecken auch köstlich zum Frühstück und sind ein leckerer süßer Snack zwischendurch. Sie können die Oopsies auch mit frischem Obst belegen und immer wieder neu variieren.

KOKOS-HÄUFCHEN

Zutaten für ca. 30 Stück

50 g Kokosblütenzucker,
½ Fläschchen Bittermandelaroma,
2 Eier, 100 g saure Sahne,
230 g Kokosraspel

Zubereitungszeit *ca. 10 Min. + ca. 10 Min. Ruhezeit+ ca. 25 Min. Backzeit*

Nährwertangaben

pro Stück: 62 kcal,
1 g Eiweiß, 5 g Fett,
2 g Kohlenhydrate

1. Kokosblütenzucker, Bittermandelaroma und Eier verrühren. Saure Sahne und Kokosraspel zufügen und alles gut vermischen. Ca. 10 Minuten ruhen lassen. Backofen auf 140 °C (Umluft: 120 °C) vorheizen. Backblech mit Backpapier auslegen.

2. Mit Hilfe von 2 Teelöffeln kleine Häufchen auf das Backpapier setzen (genügend Abstand lassen). Im vorgeheizten Backofen auf der untersten Schiene ca. 20–25 Minuten goldbraun backen. Kokos-Häufchen mit dem Backpapier vom Backblech ziehen und auf einem Kuchengitter auskühlen lassen.

Info Kokosblütenzucker wird aus dem Nektar der Kokospalme gewonnen und zeichnet sich vor allem durch seinen sehr geringen glykämischen Wert aus. Ein niedriger glykämischer Wert sorgt dafür, dass der Blutzuckerspiegel nicht so stark ansteigt wie es z. B. bei normalem, raffiniertem Zucker der Fall ist. So lassen sich Heißhungerattacken verhindern.

MANDEL-COOKIES MIT ERDNUSSBUTTER

Zutaten für ca. 25 Stück

100 g Erdnussbutter, 2 Eier
70 g Xylit, 70 g Mandelmehl,
30 g gemahlene Haselnüsse,
1 TL Backpulver

Zubereitungszeit *ca. 15 Min. + 20 Min. Backzeit*

Nährwertangaben

pro Stück: 56 kcal,
7 g Eiweiß, 3 g Fett,
1 g Kohlenhydrate

1. Backofen auf 160 °C (Umluft: 140 °C) vorheizen. Backblech mit Backpapier auslegen. Erdnussbutter in eine Schüssel geben und mit Eiern und Xylit vermischen. Mandelmehl, gemahlene Haselnüsse und Backpulver in einer weiteren Schüssel mischen und zur Erdnussbutter-Mischung geben. Alles gut verrühren.

2. Aus dem Teig kleine Kugeln formen, mit etwas Abstand voneinander auf das Backpapier legen und mithilfe einer Gabel etwas flach drücken. Erdnussbutter-Cookies im vorgeheizten Backofen ca. 20 Minuten backen. Abkühlen lassen.

SCHOKOLADIGE KOKOS-RIEGEL

Zutaten für ca. 10 Stück

200 ml Kokosmilch,
50 g Eiweißpulver mit Vanillegeschmack,
2 EL Xylit, 200 g Kokosraspel,
100 g Zartbitterschokolade

Zubereitungszeit *ca. 25 Min. + ca. 30 Min. Kühlzeit*

Nährwertangaben

pro Stück: 237 kcal,
7 g Eiweiß, 19 g Fett,
7 g Kohlenhydrate

1. Kokosmilch in eine Schüssel geben, Eiweißpulver und Xylit zugeben und alles cremig rühren. Kokosraspel unterrühren. Aus der Masse ungefähr 10 Riegel formen und Riegel ca. 30 Minuten in den Kühlschrank legen.

2. Zartbitterschokolade in Stücke brechen und über einem Wasserbad schmelzen. Riegel nacheinander in die flüssige Schokolade tauchen und auf Backpapier ca. 15 Minuten trocknen lassen. Riegel in Packpapier wickeln und kühl lagern.

ERDNUSSKEKSE MIT GANZEN ERDNÜSSEN

Zutaten für ca. 10 Stück

100 g Erdnussmus,
60 g Xylit,
1 großes Ei,
10 g Kokosmehl,
1 Prise Salz,
40 g Erdnüsse

Zubereitungszeit *ca. 10 Min. + ca. 15 Min. Backzeit*

Nährwertangaben

pro Stück: 113 kcal,
5 g Eiweiß, 7 g Fett,
2 g Kohlenhydrate

1. Backofen auf 170 °C (Umluft: 150 °C) vorheizen. Backblech mit Backpapier auslegen. Erdnussmus, Xylit und Ei miteinander verrühren. Kokosmehl und Salz zufügen und alles verrühren. Erdnüsse unterheben.

2. Mithilfe von 2 Esslöffeln kleine Kleckse auf das Backpapier setzen (genügend Abstand lassen). Im vorgeheizten Backofen ca. 10–15 Minuten backen. Auskühlen lassen.

Info Erdnüsse sind lecker und gesund. Sie enthalten neben Proteinen und gesunden Fetten reichlich Vitamin E sowie Kalium, Folsäure und Magnesium.

ENERGIE-BÄLLCHEN

Zutaten für ca. 30 Stück

90 g Kokosraspel, 100 g getrocknete Cranberrys,
60 g Mandeln, 120 g Haferflocken,
60 g geschroteter Leinsamen,
40 g Honig, 1 TL Zimt

Zubereitungszeit *ca. 20 Min. + ca. 30 Min. Kühlzeit*

Nährwertangaben

pro Stück: 71 kcal,
2 g Eiweiß, 4 g Fett,
6 g Kohlenhydrate

1. Eine Pfanne ohne Fett erhitzen und Kokosraspel leicht anbräunen. Abkühlen lassen. Cranberrys und Mandeln grob hacken und in eine Schüssel geben. Kokosraspel, Haferflocken und Leinsamen zufügen. Mit Honig und Zimt gründlich vermischen.

2. Mischung abgedeckt im Kühlschrank ca. 30 Minuten ruhen lassen. Masse zu kleinen Bällchen rollen und im Kühlschrank aufbewahren.

Tipp Die Energiebällchen können wunderbar variiert werden. So können Sie statt den Cranberrys auch andere getrocknete Früchte wie getrocknete Kirschen, Rosinen oder Mangos verwenden. Wer es weniger süß, dafür aber gehaltvoller mag, kann den Honig mit einer Nussbutter wie z. B. Erdnußbutter oder Cashewbutter ersetzen.

HAFER-KEKSE

Zutaten für ca. 10 Stück

60 g Butter, 30 g neutrales Eiweißpulver,
1 Ei, ¼ TL Backpulver,
nach Belieben Zimt, 2 EL Xylit,
150 g kernige Haferflocken

Zubereitungszeit *ca. 10 Min. + ca. 10 Min. Backzeit*

Nährwertangaben

pro Stück: 131 kcal,
5 g Eiweiß, 7 g Fett,
14 g Kohlenhydrate

1. Backofen auf 150 °C (Umluft: 130 °C) vorheizen. Backblech mit Backpapier auslegen. Butter, Eiweißpulver, Ei, Backpulver, Zimt und Xylit mit dem elektrischen Handrührer verrühren. Haferflocken untermischen.

2. Mithilfe von 2 Esslöffeln kleine Kleckse auf das Backpapier setzen (genügend Abstand lassen). Teighäufchen flach drücken. Im vorgeheizten Backofen ca. 10 Minuten backen.

Info Zwar enthalten 100 Gramm Haferflocken ca. 59 Gramm Kohlenhydrate, weshalb sie für eine strenge Low-Carb-Ernährung weniger gut geeignet sind. Allerdings sind die Kohlenhydrate des Hafers langkettig, sodass der Insulinspiegel weniger stark ansteigt. Daher sind Haferkekse, in Maßen genossen, eine gute Alternative zu weniger gesunden Backwaren.

EXOTISCHE KOKOSBÄLLCHEN

Zutaten für ca. 30 Stück

200 ml Kokosmilch, 130 g Kokosraspel,
100 g gemahlene Mandeln,
50 g Eiweißpulver mit Vanillegeschmack,
flüssiger Süßstoff nach Belieben

Zubereitungszeit *ca. 10 Min. + ca. 1 Std. Kühlzeit*

Nährwertangaben

pro Stück: 68 kcal,
2 g Eiweiß, 6 g Fett,
1 g Kohlenhydrate

1. Kokosmilch in eine Schüssel geben und mit 100 Gramm Kokosraspeln, gemahlenen Mandeln und Eiweißpulver vermischen. Nach Belieben mit Süßstoff süßen. Schüssel abgedeckt ca. 1 Stunde kalt stellen.

2. Restliche Kokosraspel auf einen Teller geben. Aus der Kokosmasse ca. 30 kleine Kugeln formen und in Kokosraspeln wälzen. Kokosbällchen bis zum Verzehr kalt stellen. Im Kühlschrank sind sie ca. 5 Tage haltbar.

Mittagessen to go

THUNFISCH-TOMATEN-SALAT

Zutaten für 1 Portion

1 kleine Dose Thunfisch im eigenen Saft,
1 kleine rote Zwiebel, einige Kirschtomaten,
2-3 schwarze Oliven ohne Stein,
etwas Babyspinat, 1 EL Olivenöl,
Salz, frisch gemahlener Pfeffer

Zubereitungszeit *ca. 10 Min.*

Nährwertangaben

pro Portion: 287 kcal,
22 g Eiweiß, 20 g Fett,
6 g Kohlenhydrate

1. Thunfisch abtropfen lassen. Zwiebel schälen und in feine Ringe schneiden. Tomaten waschen und vierteln. Oliven in Ringe schneiden. Babyspinat waschen und trocken schütteln.

2. Thunfisch zerpflücken und mit Zwiebel, Babyspinat, Tomaten und Oliven in einer Schüssel vorsichtig vermischen. Öl zufügen und mit Salz und Pfeffer abschmecken. Salat in ein Glas oder eine Lunchbox geben und bis zum Verzehr kühl stellen.

AVOCADO MIT KÄSE-WALNUSS-FÜLLUNG

Zutaten für 4 Portionen

75 g Walnüsse, 150 g Gorgonzola,
2 EL Crème fraîche, 2 TL Zitronensaft,
2 Avocados, Salz,
frisch gemahlener Pfeffer

Zubereitungszeit *ca. 15 Min.*

Nährwertangaben

pro Portion: 512 kcal,
12 g Eiweiß, 50 g Fett,
2 g Kohlenhydrate

1. Walnüsse in einer Pfanne ohne Fett kurz anrösten. Herausnehmen und etwas abkühlen lassen. 4 Walnusskerne für die Dekoration beiseitelegen. Restliche Nüsse fein hacken. Gorgonzola in kleine Würfel schneiden und 4 Würfel beiseitelegen. Restlichen Gorgonzola mit Crème fraîche und 1 Teelöffel Zitronensaft in einem Mixer fein pürieren. Mit Salz und Pfeffer abschmecken und gehackte Walnüsse unterheben.

2. Avocados halbieren und entkernen. Schnittflächen mit restlichem Zitronensaft bestreichen. Käse-Walnuss-Creme auf die Avocadohälften geben und mit je 1 Würfel Gorgonzola und je 1 Walnusskern garnieren. In Lunchboxen verpacken und bis zum Verzehr kühl stellen.

TOFU-GEMÜSE-FRIKADELLEN

Zutaten für 2 Portionen

½ Paprikaschote, 1 Möhre, 1 Zwiebel, 250 g Räuchertofu, 1 Ei, 2 EL Quark, 2 TL Tomatenmark, 1 EL gehackte Petersilie, 1 EL gehackter Schnittlauch, Salz, frisch gemahlener Pfeffer

Zubereitungszeit *ca. 15 Min. + ca. 30 Min. Backzeit*

Nährwertangaben

pro Portion: 296 kcal, 28 g Eiweiß, 15 g Fett, 12 g Kohlenhydrate

1. Paprikaschote waschen und entkernen. Möhre und Zwiebel schälen. Gemüse fein reiben. Backofen auf 180 °C (Umluft: 160 °C) vorheizen. Tofu mit einer Gabel fein zerdrücken. Mit Gemüse, Ei, Quark und Tomatenmark vermengen. Kräuter untermischen und mit Salz und Pfeffer abschmecken.

2. Mit angefeuchteten Händen zu flachen Frikadellen formen und auf ein mit Backpapier belegtes Backblech legen. Im vorgeheizten Backofen ca. 30 Minuten backen, nach ca. 15 Minuten wenden. Abkühlen lassen und in Lunchboxen verpacken. Dazu schmeckt ein frischer Blattsalat.

MEXIKANISCHER QUINOASALAT

Zutaten für 4 Portionen

125 g Quinoa, 300 ml Gemüsebrühe, 200 g Kirschtomaten, 2 reife Avocados, 3 TL Zitronensaft, 1 kleine Dose Mais, 1 kleine Dose Kidneybohnen, 2 TL mittelscharfer Senf, 1 EL heller Balsamico, Zucker, Salz, frisch gemahlener Pfeffer, 2 EL Olivenöl, 2 EL gehackte Petersilie

Zubereitungszeit *ca. 25 Min. + ca. 35 Min. Ruhezeit*

Nährwertangaben

pro Portion: 494 kcal, 11 g Eiweiß, 33 g Fett, 34 g Kohlenhydrate

1. Quinoa in einem feinmaschigen Sieb gut unter warmem Wasser abspülen und abtropfen lassen. Mit Brühe in einen Topf geben und aufkochen lassen.

2. Bei niedriger Hitze ca. 15 Minuten weich kochen. Durchrühren und halb abgedeckt ca. 10–15 Minuten quellen lassen. Erneut durchrühren und ohne Deckel vollständig auskühlen lassen.

3. Kirschtomaten waschen und klein schneiden. Avocados halbieren, Kerne entfernen, schälen und Fruchtfleisch in Stücke schneiden. Mit 2 Teelöffeln Zitronensaft beträufeln. Mais und Bohnen abtropfen lassen.

4. Aus Senf, Balsamico, restlichem Zitronensaft und je 1 Prise Zucker, Salz und Pfeffer eine Marinade herstellen, Olivenöl gut unterrühren.

5. Quinoa mit Gemüse und Petersilie mischen und in sterilisierte Gläser füllen. Marinade zugeben. Vor dem Verzehren mindestens 20 Minuten durchziehen lassen und Zutaten durch vorsichtiges Schütteln vermischen.

VIETNAMESISCHE SOMMERROLLEN

Zutaten für 1 Portion

12 gekochte und gewürzte Garnelen, ¼ Eisbergsalat
1 Möhre, 4 Stängel Koriander,
6 Reispapierblätter, Sojasoße,
1 EL Sesam, Limettenspalten nach Belieben

Zubereitungszeit *ca. 20 Min.*

Nährwertangaben

pro Portion: 345 kcal,
24 g Eiweiß, 5 g Fett,
50 g Kohlenhydrate

1. Garnelen längs halbieren. Eisbergsalat putzen, waschen und trocken schütteln. 2–3 Blätter in kleinere Stücke reißen. Möhre putzen, schälen und fein würfeln. Koriander waschen, trocken tupfen und fein schneiden.

2. Reispapier jeweils 1–2 Minuten in kaltes Wasser legen, bis es weich ist. Reispapier mittig mit Garnelen, Salat, Möhren und Koriander belegen. Seiten der Reispapierblätter vorsichtig über die Füllung legen und alles fest aufrollen.

3. Sommerrollen in eine Lunchbox geben und bis zum Verzehr kühl stellen. Sojasoße mit Sesam vermischen und in ein kleines Glas füllen. Sommerrollen nach Belieben mit Limettenspalten servieren und Sojasoße zum Dippen reichen.

SALAT MIT HÄHNCHEN UND HIMBEEREN

Zutaten für 2 Portionen

150 g Blattsalatmischung, 300 g Hähnchenbrustfilet, 3 EL Sojasoße, 6 EL Olivenöl und etwas Öl zum Braten, 50 g Himbeeren, 1 Schalotte, 2 Knoblauchzehen, ½ Avocado, 1 TL Salz, 2 EL Himbeeressig, nach Belieben 2 TL gehackte Kräuter (z. B. Dill, Petersilie), 30 g Walnüsse

Zubereitungszeit *ca. 30 Min.*

Nährwertangaben

pro Portion: 688 kcal, 44 g Eiweiß, 52 g Fett, 9 g Kohlenhydrate

1. Salat waschen und trocken schleudern. Hähnchenbrustfilet in Streifen schneiden. Sojasoße und 3 Esslöffel Öl vermischen und Hähnchen damit marinieren.

2. Himbeeren waschen und trocken tupfen. Schalotte und Knoblauch schälen und fein hacken. Avocado entkernen. Fruchtfleisch mit einem Löffel entnehmen und in kleine Stücke schneiden.

3. 75 Milliliter warmes Wasser in eine Schüssel geben, Salz darin auflösen und mit Himbeeren, Schalotte und Knoblauch vermischen. Mit Himbeeressig und nach Belieben mit Kräutern abschmecken und restliches Öl zugeben. Walnüsse halbieren.

4. Hähnchenstreifen in einer beschichteten Pfanne in etwas Öl anbraten. Salat in Gläser geben und Hähnchenstreifen, Walnüsse und Avocado daraufgeben. Dressing darüberträufeln. Gläser verschließen, bis zum Verzehr kühl stellen und vor dem Essen Zutaten durch vorsichtiges Schütteln mischen.

Dressings

Immer das Gleiche im Salatglas? Dann bringen Sie doch einmal mit verschiedenen Dressings Abwechslung ins Spiel! So werden aus einem Grundrezept schnell einmal viele verschiedene Geschmacksvarianten.

Orangen-Mohn-Dressing

Für 1 Portion: 3 Esslöffel Olivenöl, je 2 Esslöffel Orangen- und Zitronensaft sowie Ahornsirup, 1 Esslöffel Mohn, je 1 Teelöffel Orangenabrieb und Dijon-Senf sowie ¼ Teelöffel Salz in ein kleines Schraubdeckelglas geben, gut verschließen und gut durchschütteln, bis sich alle Zutaten vermischt haben.

Himbeer-Zitronen-Dressing

Für 6 Portionen: 5 Esslöffel Zitronensaft mit 3 Esslöffeln Wasser, 2 Teelöffeln Zucker sowie etwas Salz und Pfeffer verrühren. 70 Gramm aufgetaute TK-Himbeeren pürieren und einrühren. 120 Milliliter Olivenöl nach und nach zugeben und unterrühren.

Avocado-Dressing

Für 6 Portionen: 250 Gramm griechischen Joghurt, 2 Esslöffel Basilikumöl, 1 ½ Esslöffel Limettensaft, 2 Esslöffel gehackte Petersilie, 1 Esslöffel gehackten Schnittlauch, klein geschnittenes Fruchtfleisch von 1 Avocado, 1 grob gehackte Knoblauchzehe, 1 grob gehackte Schalotte sowie etwas Salz und Pfeffer mit dem Pürierstab fein pürieren. 4–6 Esslöffel Milch zugeben und bis zur gewünschten Konsistenz mixen.

Honig-Senf-Dressing

Für 2 Portionen: 2 Esslöffel Weißweinessig mit 1 Esslöffel Wasser, 1 Esslöffel flüssigem Honig, 1 Teelöffel mittelscharfem Senf sowie etwas Salz und Pfeffer verrühren. 5 Esslöffel kalt gepresstes Rapsöl nach und nach unterrühren.

SCHINKEN-KÄSE-MUFFINS

Zutaten für 12 Stück

100 g geräucherter Schinken,
1 kleine rote Paprikaschote,
500 g Magerquark, 3 Eier, 250 g Haferkleie,
100 g geriebener Käse, 1 TL Backpulver,
etwas Salz, frisch gemahlener Pfeffer,
1 TL Paprikapulver, Fett für die Form,
Petersilie zum Garnieren

Zubereitungszeit *ca. 10 Min. + ca. 20 Min. Backzeit*

Nährwertangaben

pro Stück: 169 kcal,
14 g Eiweiß, 5 g Fett,
14 g Kohlenhydrate

1. Backofen auf 180 °C (Umluft: 160 °C) vorheizen. Schinken fein würfeln. Paprika putzen, waschen und fein würfeln. Schinken und Paprika mit Quark vermischen. Eier, Haferkleie, Käse und Backpulver zufügen und alles gut verrühren. Mit Salz, Pfeffer und Paprikapulver würzen.

2. Muffinform mit Fett ausstreichen. Teig gleichmäßig in der Muffinform verteilen. Im vorgeheizten Backofen ca. 20 Minuten backen. Etwas auskühlen lassen und mit Petersilie dekorieren.

SPINATSALAT MIT ANANAS UND MANGO

Zutaten für 4 Portionen

500 g Babyspinat, 1 Mango, ½ Ananas, 4–6 EL Limettensaft, 4–6 EL Olivenöl, 1 EL Agavendicksaft, Salz, frisch gemahlener Pfeffer, 20 g getrocknete Cranberrys

Zubereitungszeit *ca. 15 Min.*

Nährwertangaben

pro Portion: 262 kcal, 5 g Eiweiß, 13 g Fett, 30 g Kohlenhydrate

1. Spinat waschen und trocken schütteln. Mango schälen, entkernen und Fruchtfleisch würfeln. Ananas schälen, Strunk entfernen und Fruchtfleisch würfeln.

2. Limettensaft, Olivenöl und Agavendicksaft in einer Schüssel verrühren, Spinat zugeben und vorsichtig vermischen. Mit Salz und Pfeffer abschmecken. Spinat in Gläser oder Lunchboxen geben, Mango und Ananas darauf verteilen und mit Cranberrys garnieren. Dressing darübergeben. Gläser bzw. Lunchboxen verschließen, bis zum Verzehr kühl stellen und vor dem Essen Zutaten durch vorsichtiges Schütteln mischen.

ZUCCHINI-MÖHREN-FRIKADELLEN

Zutaten für 2 Portionen

1 Zucchini, ½ Möhre, 2 Eier,
1 EL gehackte Kräuter (z. B. Schnittlauch, Petersilie),
120 g helles Mandelmehl, 1 EL geriebener Parmesan,
50 g geriebener Käse (z. B. Gouda oder Edamer),
Salz, frisch gemahlener Pfeffer

Zubereitungszeit *ca. 15 Min. + ca. 20 Min. Backzeit*

Nährwertangaben

pro Portion: 415 kcal,
44 g Eiweiß, 19 g Fett,
9 g Kohlenhydrate

1. Backofen auf 220 °C (Umluft: 200 °C) vorheizen. Zucchini waschen. Möhre schälen. Beides in der Küchenmaschine fein zerkleinern. Gemüse mit Eiern, Kräutern, Mandelmehl und Käse vermischen und mit Salz und Pfeffer würzen. Backblech mit Backpapier auslegen. Aus der Zucchinimasse Frikadellen formen und auf das Backpapier setzen.

2. Im vorgeheizten Backofen ca. 15–20 Minuten backen. Sobald die Frikadellen goldbraun sind, aus dem Ofen nehmen und abkühlen lassen. In Lunchboxen geben und mit einem Dip servieren.

Tipp Die Zucchini-Möhren-Frikadellen schmecken sehr gut zu einem selbst gemachten Dip. Lassen Sie sich einfach von den Rezepttips auf S. 60/61 inspirieren!

SALAT MIT AVOCADO UND GRAPEFRUIT

Zutaten für 2 Portionen

2 EL Olivenöl, 2 TL Honig, Salz, frisch gemahlener Pfeffer, 1 gelbe Paprikaschote, 1 Avocado, ½ Grapefruit, 1 rote Zwiebel, 200 g Kichererbsen (Dose), 10 Blätter Basilikum

Zubereitungszeit *ca. 15 Min.*

Nährwertangaben

pro Portion: 522 kcal, 8 g Eiweiß, 39 g Fett, 26 g Kohlenhydrate

1. Öl, Honig, Salz und Pfeffer verrühren. Paprikaschote waschen, entkernen und in Streifen schneiden. Avocado und Grapefruit halbieren und schälen. Avocadokern entfernen. Avocadofruchtfleisch und Grapefruit würfeln. Zwiebel schälen und in Streifen schneiden. Kichererbsen abtropfen lassen. Basilikum waschen und trocken schütteln.

2. Hälfte der Basilikumblätter in ein Glas geben. Grapefruit, Avocado, Zwiebel, Kichererbsen und Paprika zugeben und mit übrigem Basilikum garnieren.

3. Dressing darübergeben. Glas verschließen, bis zum Verzehr kühl stellen und vor dem Essen Zutaten durch vorsichtiges Schütteln mischen.

GEMISCHTER SALAT MIT AVOCADODRESSING

Zutaten für 2 Portionen

100 g Rotkohl, einige Blätter Blattsalat, 1 kleine Möhre, 4 EL Mais (Dose), 1 Avocado, 1 Knoblauchzehe, 2 EL Öl, 1 EL Essig, 1 EL Zitronensaft, Salz, frisch gemahlener Pfeffer

Zubereitungszeit *ca. 15 Min.*

Nährwertangaben

pro Portion: 350 kcal, 4 g Eiweiß, 33 g Fett, 7 g Kohlenhydrate

1. Rotkohl und Salat waschen und in Streifen schneiden. Möhre waschen und fein raspeln. Avocado halbieren und schälen, Kern entfernen und Fruchtfleisch fein pürieren. Knoblauch schälen und pressen.

2. Avocadopüree, Öl, Essig, Zitronensaft, Knoblauch und Salz zu einem würzigen Dressing verrühren. Mit Salz und Pfeffer abschmecken.

3. Dressing in Gläser füllen und Salat und Gemüse darüberschichten. Bis zum Verzehr kalt stellen und vor dem Essen Zutaten durch Schütteln vermengen.

EIER-MUFFINS

Zutaten für ca. 6 Stück

etwas Fett für die Form,
1 rote Paprikaschote, 1 Tomate,
2 Scheiben gekochter Schinken,
6 Eier, etwas Milch, Salz,
frisch gemahlener Pfeffer,
50 g geriebener Gratinkäse, 6 TL Parmesan,
½ Bund Schnittlauch

Zubereitungszeit *ca. 20 Min. + ca. 20 Min. Backzeit*

Nährwertangaben

pro Stück: 167 kcal,
13 g Eiweiß, 11 g Fett,
3 g Kohlenhydrate

1. Backofen auf 240 °C (Umluft: 220 °C) vorheizen. Muffinform mit Fett ausstreichen. Paprika putzen, waschen und klein würfeln. Tomate waschen, halbieren, vom Stielansatz befreien und würfeln. Schinken klein würfeln.

2. Paprikawürfel, Tomatenwürfel und Schinken gleichmäßig in die Muffinförmchen füllen. Eier mit etwas Milch verschlagen und mit Salz und Pfeffer würzen. Eimischung in die Förmchen gießen. In jedes Förmchen etwas Gratinkäse zugeben und mit Parmesan bestreuen. Im vorgeheizten Backofen ca. 20 Minuten backen.

3. Schnittlauch waschen, trocken schütteln und in Ringe schneiden. Eiermuffins mit Schnittlauchröllchen bestreuen und bis zum Verzehr kühl stellen.

FLEISCHSALAT MIT KÄSE UND EI

Zutaten für 4 Portionen

4 Eier,
1–2 EL mittelscharfer Senf,
100 g Crème fraîche,
1 TL Zitronensaft,
Salz, frisch gemahlener Pfeffer,
Zucker, 1 Zwiebel,
½ Bund Schnittlauch,
8 Kirschtomaten, 150 g Fleischwurst,
50 g Butterkäse

Zubereitungszeit *ca. 25 Min.*

Nährwertangaben

pro Portion: 319 kcal,
15 g Eiweiß, 27 g Fett,
4 g Kohlenhydrate

1. Eier ca. 10 Minuten hart kochen. Mit kaltem Wasser abschrecken, pellen und auskühlen lassen. Senf und Crème fraîche verrühren. Dressing mit Zitronensaft, Salz, Pfeffer und etwas Zucker abschmecken.

2. Zwiebel schälen und in Ringe schneiden. Schnittlauch waschen, trocken schütteln und in Röllchen schneiden. Tomaten waschen und vierteln. Eier einmal durchschneiden. Fleischwurst und Käse in feine Streifen schneiden.

3. Käse, Wurst, Zwiebel und Schnittlauch in Gläser schichten, Dressing darübergeben und Eier und Tomaten zugeben. Bis zum Verzehr kalt stellen und Gläser vorher schütteln.

SPINATPFANNKUCHEN TOMATE-MOZZARELLA

Zutaten für 1 Portion

100 g Spinat (TK-Produkt), 3 Eier, 1 EL Öl, 1 Tomate, 100 g Mozzarella, Salz, frisch gemahlener Pfeffer

Zubereitungszeit *ca. 30 Min.*

Nährwertangaben

pro Portion: 628 kcal, 41 g Eiweiß, 48 g Fett, 7 g Kohlenhydrate

1. Tiefgekühlten Spinat im Topf oder in der Mikrowelle nach Packungsanweisung garen. In eine Schüssel geben, Eier zufügen und mit dem Stabmixer pürieren.

2. Öl in einer Pfanne erhitzen, Spinatmasse hineingeben und zugedeckt bei mittlerer Temperatur ca. 3–4 Minuten stocken lassen. Sobald sich die Ränder vom Pfannenrand lösen, Spinatpfannkuchen vorsichtig wenden und weitere ca. 2–3 Minuten stocken lassen.

3. Tomate waschen, vom Stielansatz befreien und in Scheiben schneiden. Mozzarella über einem Sieb abtropfen lassen und ebenfalls in Scheiben schneiden. Spinatpfannkuchen auf einem Teller legen, mit Tomaten und Mozzarella belegen, mit Salz und Pfeffer würzen und einschlagen. In einer Lunchbox verpackt bis zum Verzehr kühl stellen.

Feierabend-gerichte

SCHNELLE HÄHNCHEN-PILZ-PFANNE

Zutaten für 2 Portionen

200 g Champignons, 2 Frühlingszwiebeln, 100 g Kirschtomaten, 250 g Hähnchenbrustfilet, 2 EL Frischkäse, 1 EL Öl, Salz, frisch gemahlener Pfeffer, Cayennepfeffer

Zubereitungszeit *ca. 20 Min.*

Nährwertangaben

pro Portion: 278 kcal, 33 g Eiweiß, 13 g Fett, 5 g Kohlenhydrate

1. Champignons putzen, mit einem Tuch abreiben und in Scheiben schneiden. Frühlingszwiebeln putzen, waschen und in dünne Röllchen schneiden. Tomaten waschen, halbieren, vom Stielansatz befreien und vierteln.

2. Öl in einer Pfanne erhitzen und Hähnchenbrustfilet darin anbraten. Champignons und Frühlingszwiebel zugeben und kurz mitbraten. Tomaten und Frischkäse zugeben, umrühren und weitere ca. 5 Minuten bei geringer Hitze köcheln lassen. Mit Salz, Pfeffer und Cayennepfeffer abschmecken.

LAMMKOTELETTS MIT ROTER BETE

Zutaten für 2 Portionen

6 Lammkoteletts (à 80 g), 3–4 TL Öl und etwas Öl zum Einpinseln, Salz, frisch gemahlener Pfeffer, 2 Zwiebeln, 300 g vorgegarte Rote Bete, 1 Knoblauchzehe, 200 g körniger Frischkäse, gehackte Kräuter (z. B. Thymian, Rosmarin)

Zubereitungszeit *ca. 35 Min.*

Nährwertangaben

pro Portion: 828 kcal, 76 g Eiweiß, 48 g Fett, 21 g Kohlenhydrate

1. Lammkoteletts waschen, trocken tupfen und mit etwas Öl einpinseln. Backofen auf 100 °C (Umluft: 80 °C) vorheizen. Eine große Grillpfanne erhitzen und Lammkoteletts darin auf jeder Seite ca. 2–3 Minuten bei starker Hitze braten. Herausnehmen, salzen und pfeffern und im vorgeheizten Backofen warm halten.

2. Zwiebeln schälen und fein hacken. Rote Bete in Scheiben schneiden. 2 Teelöffel Öl erhitzen und 1 Zwiebel darin glasig anbraten. Herausnehmen und beiseitestellen. Restliche Zwiebel ebenfalls in etwas Öl glasig anbraten. Rote Bete und 3 Esslöffel Wasser zugeben. Mit Salz und Pfeffer würzen. Bei mittlerer Hitze ca. 3 Minuten dünsten.

3. Knoblauch schälen und fein hacken. Frischkäse mit Knoblauch vermischen und mit Salz und Pfeffer abschmecken. Restliches Öl mit Kräutern und beiseitegestellter Zwiebel mischen. Koteletts aus dem Ofen nehmen, Kräuteröl darübergeben und mit Rote-Bete-Zwiebel-Mischung und Frischkäse servieren.

SCHWEINSMEDAILLONS MIT ROMANESCO

Zutaten für 2 Portionen

1 Romanesco, Salz, 10 Blätter Basilikum, 150 g Kirschtomaten, 1 Schweinefilet (à 300 g), 8 EL Butter, 2 EL Sahnejoghurt, 1 Eigelb, Cayennepfeffer, 2 EL Öl, frisch gemahlener Pfeffer

Zubereitungszeit *ca. 35 Min.*

Nährwertangaben

pro Portion: 653 kcal, 41 g Eiweiß, 51 g Fett, 9 g Kohlenhydrate

1. Romanesco waschen und in Röschen teilen. In kochendem Salzwasser ca. 5 Minuten blanchieren. Über einem Sieb abtropfen lassen. Basilikum waschen und trocken schütteln. Tomaten waschen und vom Stielansatz befreien. Schweinefilet in ca. 2 Zentimeter dicke Scheiben schneiden.

2. Butter in einem Topf zerlassen und kurz aufkochen lassen. Joghurt, Eigelb und Basilikum mit dem Stabmixer fein pürieren. Heiße Butter langsam zugießen, dabei Stabmixer weiter laufen lassen. Mit Salz und Cayennepfeffer abschmecken.

3. Öl erhitzen und Fleisch darin von jeder Seite ca. 2–3 Minuten goldbraun anbraten. Herausnehmen, salzen und warm stellen. Romanesco und Tomaten ca. 5 Minuten anbraten. Mit Salz und Pfeffer abschmecken. Alles auf Tellern anrichten und mit Basilikumsoße beträufeln.

MANGOLD-FETA-GRATIN MIT PILZEN

Zutaten für 4 Portionen

500 g Mangold, 400 g Hackfleisch,
400 g Champignons, 200 g Feta,
180 g geriebener Käse (z. B. Gouda),
2 EL Öl, Salz,
frisch gemahlener Pfeffer,
Petersilie nach Belieben

Zubereitungszeit *ca. 15 Min. + 35 Min. Backzeit*

Nährwertangaben

pro Portion: 621 kcal,
43 g Eiweiß, 47 g Fett,
2 g Kohlenhydrate

1. Mangold putzen und waschen. Stiele klein schneiden, Blätter in ca. 1 Zentimeter breite Streifen schneiden. Hackfleisch mit 1 Esslöffel Öl krümelig braten. Mit Gewürzen abschmecken. Mangold-Stiele zugeben. Bei geringer Hitze ca. 10 Minuten dünsten. Backofen auf 180 °C (Umluft: 160 °C) vorheizen. Gratinform mit restlichem Öl ausstreichen.

2. Champignons putzen, mit einem Tuch abreiben und in Scheiben schneiden. Feta grob zerkrümeln. Klein geschnittene Mangold-Blätter in der Gratinform verteilen. Champignons darauflegen. Hackfleisch-Mangold-Masse gleichmäßig darauf verteilen. Geriebenen Käse und Feta darüberstreuen. Im vorgeheizten Backofen ca. 30–35 Minuten backen. Nach Belieben mit Petersilie dekoriert servieren.

HÄHNCHENBRUST AUF QUINOA-GEMÜSE

Zutaten für 6 Portionen

250 g Quinoa, 2 Zucchini,
4 Möhren, 1 Knoblauchzehe,
6 Hähnchenbrüste, 1 EL Olivenöl,
Salz, frisch gemahlener Pfeffer,
etwas Babyspinat zum Garnieren

Zubereitungszeit *ca. 40 Min.*

Nährwertangaben

pro Portion: 347 kcal,
37 g Eiweiß, 6 g Fett,
33 g Kohlenhydrate

1. Quinoa waschen und abtropfen lassen. Quinoa in Öl kurz anrösten. Mit 750 Milliliter Wasser ablöschen und zugedeckt ca. 20 Minuten köcheln lassen.

2. Zucchini und Möhren putzen, schälen und fein würfeln. Knoblauch schälen und fein hacken. Quinoa in einem Sieb abtropfen lassen und in eine Pfanne geben. Gemüse zugeben, mit Salz und Pfeffer würzen und alles anbraten.

3. Hähnchenbrüste waschen und trocken tupfen. Öl in einer Grillpfanne erhitzen und Hähnchenbrüste darin goldbraun braten. Mit Salz und Pfeffer würzen. Babyspinat waschen und trocken schütteln. Hähnchenbrust auf Quinoa-Gemüse anrichten und mit Spinatblättern dekoriert servieren.

DEFTIGER FLAMMKUCHEN

Zutaten für 1 Flammkuchen

250 g Vollkornmehl,
250 g Mandelmehl,
5 EL Olivenöl,
500 g Zwiebeln,
250 g Schinkenspeck,
250 g Crème fraîche,
½ Bund Schnittlauch

Zubereitungszeit *ca. 15 Min. + ca. 15 Min. Backzeit*

Nährwertangaben

pro Kuchen: 3087 kcal, 142 g Eiweiß, 180 g Fett, 194 g Kohlenhydrate

1. Backofen auf 250 °C (Umluft: 230 °C) vorheizen. Backblech mit Backpapier auslegen. Vollkornmehl und Mandelmehl miteinander vermischen. Olivenöl und 350 Milliliter Wasser zufügen und zu einem Teig verarbeiten.

2. Zwiebel schälen und in feine Ringe schneiden. Schinkenspeck in längliche Streifen schneiden. Teig ausrollen und auf das Backpapier legen. Mit Crème fraîche bestreichen und mit Zwiebeln und Schinkenspeck belegen. Im vorgeheizten Backofen ca. 15 Minuten backen. Schnittlauch waschen, trocken schütteln und in Röllchen schneiden. Flammkuchen mit Schnittlauch bestreuen und servieren.

ASIATISCHE RINDFLEISCHPFANNE

Zutaten für 4 Portionen

1 kg grüner Spargel, 1 Zwiebel,
1 rote Chilischote, ½ Glas Maiskölbchen,
400 g Rinderfilet, 2 EL Öl,
Salz, Sojasoße, Speisestärke

Zubereitungszeit *ca. 20 Min.*

Nährwertangaben

pro Portion: 268 kcal,
27 g Eiweiß, 11 g Fett,
12 g Kohlenhydrate

1. Vom Spargel holzige Enden abschneiden, Spargel waschen und unteres Drittel schälen. Spargel in mundgerechte Stücke schneiden. Zwiebel schälen und in grobe Stücke schneiden. Chilischote waschen, halbieren, die Kerne herausschneiden und in feine Streifen schneiden. Maiskölbchen in einem Sieb abtropfen lassen.

2. Rinderfilet in Streifen schneiden. Öl in einer Pfanne erhitzen und Fleisch portionsweise darin ca. 2 Minuten anbraten. Herausnehmen und mit Salz würzen. Gemüse in die Pfanne geben und darin unter vorsichtigem Rühren ca. 5 Minuten braten. In einer Schüssel Sojasoße mit etwas Wasser und Speisestärke verrühren. In die Pfanne geben, Fleisch zufügen und alles nochmals erhitzen. Heiß servieren.

ÜBERBACKENER ROSENKOHL

Zutaten für 4 Portionen

Fett für die Form, 2 Pck. Rosenkohl (TK-Produkt), 250 g Bacon, 250 g geriebener Käse, 200 g Crème fraîche

Zubereitungszeit *ca. 20 Min. + ca. 15 Min. Backzeit*

Nährwertangaben

pro Portion: 704 kcal, 34 g Eiweiß, 55 g Fett, 14 g Kohlenhydrate

1. Backofen auf 250 °C (Umluft: 230 °C) vorheizen. Auflaufform mit Fett ausstreichen. Rosenkohl nach Packungsanweisung zubereiten. Bacon in Streifen schneiden. Geriebenen Käse und Crème fraîche in einer Schüssel verrühren.

2. Rosenkohl in die Auflaufform legen und Käse-Crème-fraîche-Mischung darübergeben. Mit Baconstreifen belegen. Im vorgeheizten Backofen ca. 10–15 Minuten überbacken.

HÄHNCHENBRUST, GEFÜLLT MIT FETA

Zutaten für 2 Portionen

3 Stängel Petersilie, 300 g Zucchini,
50 g in Öl eingelegte getrocknete Tomaten (Abtropfgewicht),
100 g Feta, 2 Hähnchenbrustfilets (à 200 g),
frisch gemahlener Pfeffer, 4 EL Öl, Salz

Zubereitungszeit *ca. 35 Min.*

Nährwertangaben

pro Portion: 593 kcal,
67 g Eiweiß, 33 g Fett,
9 g Kohlenhydrate

1. Petersilie waschen, trocken schütteln, Blättchen abzupfen und hacken. Etwas Petersilie für die Garnitur beiseitestellen. Zucchini putzen, längs halbieren und in ca. 1 Zentimeter dicke Scheiben schneiden. Tomaten in kleine Stücke schneiden. Feta in dünne Scheiben schneiden.

2. Hähnchenbrustfilets trocken tupfen. Mit einem scharfen Messer waagerecht einschneiden, sodass jeweils eine Tasche entsteht. Mit Petersilie, Tomaten und Feta füllen und mit Pfeffer würzen. Mit Holzspießchen gut verschließen.

3. 2 Esslöffel Öl in einer Pfanne erhitzen und Hähnchenbrustfilets darin von jeder Seite goldbraun anbraten. Mit Salz würzen und warm stellen. Restliches Öl in den Bratsatz geben und Zucchini bei starker Hitze darin hellbraun anbraten. Salzen und pfeffern.

4. Zucchini in der Pfanne etwas zur Seite schieben und Hähnchen zugeben. Zugedeckt bei mittlerer Hitze ca. 5 Minuten garen. Gefüllte Hähnchenbrust mit Zucchini auf Tellern anrichten und mit Petersilie bestreut servieren.

ZANDERFILETS MIT SPINAT

Zutaten für 2 Portionen

20 g Pinienkerne, 400 g Spinat, 2 Zanderfilets mit Haut (à 120 g), Salz, 30 g Butter, 2 EL Öl, 2 Knoblauchzehen, abgeriebene Schale von 1 unbehandelten Zitrone, frisch gemahlener Pfeffer, 1 Prise Xylit

Zubereitungszeit *ca. 25 Min.*

Nährwertangaben

pro Portion: 421 kcal, 35 g Eiweiß, 29 g Fett, 5 g Kohlenhydrate

1. Pinienkerne in einer Pfanne ohne Fettzugabe kurz anrösten, abkühlen lassen und beiseitestellen. Spinat waschen und abtropfen lassen. Zanderfilets auf der Hautseite zwei- bis dreimal schräg einschneiden und mit Salz würzen. Butter mit 1 Teelöffel Öl erhitzen und Spinat darin kurz bei mittlerer Hitze andünsten. Knoblauch schälen, fein hacken und zum Spinat geben. Zitronenschale zufügen und umrühren. Spinat mit Salz, Pfeffer und Xylit abschmecken. Pinienkerne unterheben.

2. Restliches Öl erhitzen und Zanderfilets darin auf der Hautseite scharf anbraten. Nach ca. 3 Minuten wenden und weitere ca. 3 Minuten braten. Von der Herdplatte ziehen und warm halten. Spinat auf zwei Tellern verteilen und jeweils 1 Zanderfilet mit der Hautseite nach oben darauf anrichten.

GARNELEN MIT ZUCCHININUDELN

Zutaten für 4 Portionen

500 g Garnelen (TK-Produkt), 3 Zucchini, 1 kleine Zwiebel, 2 Knoblauchzehen, 400 g Kirschtomaten, 4 EL Olivenöl, Salz, frisch gemahlener Pfeffer, etwas Weißwein, 20 g Butter, Saft von ½ Zitrone

Zubereitungszeit *ca. 30 Min.*

Nährwertangaben

pro Portion: 321 kcal, 30 g Eiweiß, 17 g Fett, 9 g Kohlenhydrate

1. Garnelen nach Packungsanweisung auftauen lassen. Zucchini waschen und mithilfe eines Spiralschneiders in feine Streifen schneiden. Zwiebel und Knoblauch schälen und fein hacken. Tomaten waschen, halbieren, vom Stielansatz befreien und vierteln.

2. 2 Esslöffel Öl in einer Pfanne erhitzen, Garnelen zugeben und mit Salz und Pfeffer würzen. Garnelen von allen Seiten ca. 2–3 Minuten leicht rosa anbraten. Aus der Pfanne nehmen und beiseitestellen.

3. Zwiebel zugeben und glasig dünsten. Knoblauch zufügen und kurz mitbraten. Mit Weißwein ablöschen und umrühren. Tomaten zufügen und ca. 3–4 Minuten köcheln lassen. Garnelen wieder in die Pfanne geben, Butter und Zitronensaft zugeben und unter Rühren erwärmen.

4. Restliches Olivenöl in einer Pfanne erhitzen. Zucchinistreifen darin ca. 2 Minuten andünsten. Zur Garnelenpfanne geben und alles gut vermengen.

LACHSFILETS MIT BROKKOLI

Zutaten für 2 Portionen

1 kleiner Brokkoli, 5 EL Öl, 150 g Sahne,
Salz, frisch gemahlener Pfeffer,
2 Lachsfilets (à 200 g, küchenfertig),
½ unbehandelte Zitrone, einige Kirschtomaten

Zubereitungszeit *ca. 35 Min.*

Nährwertangaben

pro Portion: 757 kcal,
45 g Eiweiß, 61 g Fett,
6 g Kohlenhydrate

1. Brokkoli waschen und in Röschen teilen. 3 Esslöffel Öl erhitzen und Brokkoli darin andünsten. 50 Milliliter Wasser und Sahne zugeben, mit Salz und Pfeffer würzen. Zugedeckt zum Kochen bringen und bei mittlerer Hitze ca. 8 Minuten dünsten.

2. Lachsfilets abspülen, trocken tupfen und mit Salz würzen. Restliches Öl erhitzen und Lachs darin von jeder Seite ca. 2–3 Minuten goldbraun braten. Zitrone waschen und in Spalten schneiden. Tomaten waschen und halbieren. Lachs mit Brokkoli und Sahnesoße anrichten und mit Tomaten sowie Zitronenspalten garniert servieren.

THUNFISCH-SOUFFLÉS MIT KÄSE

Zutaten für 2 Portionen

150 g Thunfisch im eigenen Saft, 1 Zwiebel,
2 Handvoll geriebener Käse (z. B. Gouda)
und etwas Käse zum Überbacken,
2 gehäufte EL Hüttenkäse, 2 Eier,
Salz,frisch gemahlener Pfeffer,
Rosmarin nach Belieben,
Fett für die Form

Zubereitungszeit *ca. 10 Min. + ca. 15 Min. Backzeit*

Nährwertangaben

pro Portion: 476 kcal,
51 g Eiweiß, 28 g Fett,
3 g Kohlenhydrate

1. Thunfisch abtropfen lassen und zerpflücken. Zwiebel schälen und fein hacken. Thunfisch und Zwiebel in eine Schüssel geben und mit Käse und Hüttenkäse vermischen. Eier trennen. Eigelbe mit Salz und Pfeffer würzen und verschlagen. Zum Thunfisch geben und alles gut vermischen. Thunfisch-Masse mit Salz, Pfeffer und nach Belieben mit Rosmarin würzen. Eiweiße mit etwas Salz steif schlagen und unter die Thunfisch-Masse heben.

2. Förmchen mit Fett ausstreichen. Eine Tasse Wasser in die Mikrowelle stellen und aufkochen lassen. Thunfisch-Soufflés in die Förmchen füllen und mit der Tasse Wasser in die Mikrowelle stellen. Auf voller Leistungsstufe ca. 10 Minuten garen. Soufflés mit etwas Käse bestreuen und mit der Grillstufe ca. 6 Minuten überbacken. Heiß servieren.

WOKGEMÜSE MIT SESAM-TOFU

Zutaten für 4 Portionen

40 g Ingwer, 1 Knoblauchzehe, 300 g Tofu, 8 EL Sojasoße, 200 g Zuckerschoten, 2 Bund Frühlingszwiebeln, 1 Chilischote, 6 EL Öl, 125 ml Gemüsebrühe, 300 g Erbsen (TK-Produkt), 1 Ei, 1 Prise Salz, 1–2 EL Sesam, 1 EL Sesamöl

Zubereitungszeit *ca. 35 Min.*

Nährwertangaben

pro Portion: 492 kcal, 25 g Eiweiß, 32 g Fett, 22 g Kohlenhydrate

1. Ingwer und Knoblauch schälen und fein hacken. Tofu in kleine Würfel schneiden. Knoblauch und die Hälfte des Ingwers mit 4 Esslöffeln Sojasoße verrühren. Tofuwürfel damit beträufeln.

2. Zuckerschoten waschen und halbieren. Frühlingszwiebeln waschen und in dünne Röllchen schneiden. Chilischote waschen, halbieren, Kerne herausschneiden und Chilischote in feine Streifen schneiden.

3. 3 Esslöffel Öl in einem Wok erhitzen. Frühlingszwiebeln, Chili und restlichen Ingwer darin anbraten. Zuckerschoten zugeben und unter Rühren ca. 4 Minuten garen. Restliche Sojasoße und Gemüsebrühe zugießen. Erbsen zugeben und zugedeckt ca. 5 Minuten garen.

4. Tofu über einem Sieb abtropfen lassen. Ei mit Salz verschlagen. Tofu in der Eimasse wenden und mit Sesam bestreuen. Restliches Öl in einer Pfanne erhitzen und Tofu darin goldbraun anbraten. Gemüse mit Sesamöl abschmecken und auf Tellern anrichten. Tofu darauf verteilen und servieren.

GEBACKENE STECKRÜBENBRATLINGE

Zutaten für 1 Portion

150 g Steckrüben, etwas Gemüsebrühe, 1 EL Sojasoße, 1 EL Tomatenmark, etwas Brotgewürzmischung, 100 g körniger Frischkäse, 1 EL Sojamehl

Zubereitungszeit *ca. 15 Min. + ca. 20 Min. Backzeit*

Nährwertangaben

pro Portion: 195 kcal, 20 g Eiweiß, 7 g Fett, 14 g Kohlenhydrate

1. Steckrüben schälen und in Würfel schneiden. Mit Gemüsebrühe, Sojasoße, Tomatenmark und Brotgewürzmischung vermengen. Backofen auf 200 °C (Umluft: 180 °C) vorheizen. 70 Gramm Frischkäse mit Sojamehl pürieren und mit Steckrübenmasse und dem restlichen Frischkäse vermengen.

2. Mit angefeuchteten Händen zu Bratlingen formen und auf ein mit Backpapier belegtes Backblech legen. Im vorgeheizten Backofen ca. 7–8 Minuten backen. Temperatur auf 180 °C (Umluft: 160 °C) verringern und ca. 8–12 Minuten fertig backen.

Gemüse und Salat

Gemüse und Salat bilden den Schwerpunkt einer Ernährung nach Low-Carb-Prinzipien. Da Gemüse kaum Kohlenhydrate enthält, ist es für Low Carb ideal. Im Durchschnitt erreichen die verschiedenen Gemüsesorten einen Kohlenhydratanteil von weniger als 5 Gramm pro 100 Gramm Gemüse. Die Ausnahme bilden stärkehaltige Erzeugnisse wie Kartoffeln, Erbsen oder Mais. Geeignet sind hingegen vor allem die meisten grünen Gemüsesorten wie beispielsweise grüne Bohnen, Spinat, Mangold, Gurken und Zucchini.

1

Dass Gemüse gesund ist, weiß jeder. Neben wertvollen Vitaminen und Mineralstoffen liefert es auch viele sekundäre Pflanzenstoffe sowie Ballaststoffe, die für eine **lange Sättigung** und eine gute Verdauung sorgen.

2

Zudem hat Gemüse eine **geringe Energiedichte**, es liefert also wenige Kalorien pro Gramm bzw. Portion. Egal also ob roh oder gegart, es lohnt sich, Gemüse zu einem Hauptakteur auf dem Speiseplan zu machen. Essen Sie kohlenhydratarmes Gemüse uneingeschränkt in beliebigen Mengen und nehmen Sie auch hin und wieder etwas Gemüse mit mehr Kohlenhydraten zu sich, um Abwechslung und Nährstoffvielfalt zu schaffen.

3

Das Gleiche gilt auch für Salatsorten wie etwa Blatt- oder Feldsalat. Da man bei einer Low-Carb-Ernährung gerade am Abend möglichst keine oder nur wenige Kohlenhydrate zu sich nehmen sollte, ist ein **frischer Salat zum Abendessen** eine hervorragende Wahl.

4

Gemüse eignet sich gut, um **kohlenhydratreiche Beilagen** zu **ersetzen.** So kann man z. B. Blumenkohl-Reis herstellen, indem man diesen sehr klein schneidet und dann in etwas Butter gart. Und mithilfe eines Spiralschneiders kann man Nudeln durch Zucchini, Gurken oder Möhren ersetzen.

LEINSAMEN-PIZZA

Zutaten für 1 Pizza

*150 g geschroteter Leinsamen,
2 große Eier, 80 g geriebener Parmesan,
1 Prise Salz, 100 ml Tomatensoße,
50 g Salami nach Belieben,
2 Scheiben Schinken nach Belieben,
25 g Mais, 50 g Käse zum Bestreuen, Rauke*

Zubereitungszeit *ca. 15 Min. + ca. 20 Min. Backzeit*

Nährwertangaben

pro Pizza: 1686 kcal,
119 g Eiweiß, 116 g Fett,
16 g Kohlenhydrate

1. Backofen auf 180 °C (Umluft: 160 °C) vorheizen. Backblech mit Backpapier auslegen. Leinsamen, Eier, Parmesan und 1 Prise Salz miteinander vermischen. Teig mit einer Gabel dünn auf dem Backpapier verstreichen.

2. Teig im vorgeheizten Backofen ca. 8 Minuten backen. Herausnehmen und mit Tomatensoße bestreichen. Nach Belieben mit Salami und Schinken belegen. Für die vegetarische Variante nur mit Mais belegen. Mit Käse bestreuen.

3. Im vorgeheizten Backofen weitere ca. 15–20 Minuten backen. Rauke waschen und trocken schütteln. Leinsamen-Pizza mit Rauke bestreut servieren.

SHIRATAKI-NUDELN MIT KOKOS-SOJA-SOSSE

Zutaten für 2 Portionen

2 EL ungesalzene Erdnüsse, 1 Brokkoli (à 300 g), Salz, 2 EL Sojasoße, 50 g Kokosmilch, ½ TL gemahlener Koriander, 1 TL Zitronensaft, 1 Prise Stevia, 350 g Shirataki-Nudeln (Konjak-Nudeln), 1 Bund Frühlingszwiebeln, 1 Zwiebel, 1 Knoblauchzehe, 1 TL Sesamöl, 2 Eier, 50 g Sojasprossen, frisch gemahlener Pfeffer

Zubereitungszeit *ca. 30 Min.*

Nährwertangaben

pro Portion: 320 kcal, 18 g Eiweiß, 18 g Fett, 19 g Kohlenhydrate

1. Erdnüsse in einer Pfanne ohne Fettzugabe goldbraun anrösten und beiseitestellen. Brokkoli putzen, waschen und in Röschen teilen. In kochendem Salzwasser ca. 2–3 Minuten bissfest blanchieren. Mit Eiswasser abschrecken und über einem Sieb abgießen.

2. Sojasoße, Kokosmilch, Koriander, Zitronensaft und Stevia in einer Schüssel zu einer Soße vermischen. Shirataki-Nudeln gründlich unter fließendem Wasser abspülen. In kochendem Salzwasser ca. 2 Minuten erwärmen.

3. Frühlingszwiebeln waschen und in dünne Röllchen schneiden. Zwiebel und Knoblauch schälen und fein hacken. Sesamöl in einer Pfanne erhitzen und Frühlingszwiebeln, Zwiebel und Knoblauch kurz darin andünsten. Nudeln und Soße zufügen und unter ständigem Rühren ca. 2–3 Minuten garen. Eier verschlagen.

4. Nudeln an den Pfannenrand schieben und Eier in die Mitte der Pfanne geben. Sobald die Eimasse stockt, Nudeln unterheben und Brokkoli sowie Sojasprossen untermischen. Mit Salz und Pfeffer abschmecken und mit gerösteten Erdnüssen garniert servieren.

GEBACKENE BLUMENKOHLSTEAKS

Zutaten für 2 Portionen

1 Knoblauchzehe, 1½ EL Mayonnaise, 1 TL Zitronensaft, 1 TL Worcestersoße, Salz, frisch gemahlener Pfeffer, 1 Blumenkohl, 2 TL Öl, 1 EL Gewürze (z. B. Kümmel, Koriander, Cayennepfeffer)

Zubereitungszeit *ca. 25 Min. + ca. 10 Min. Backzeit*

Nährwertangaben

pro Portion: 210 kcal, 10 g Eiweiß, 13 g Fett, 13 g Kohlenhydrate

1. Knoblauch schälen und fein hacken. Mit Mayonnaise, Zitronensaft und Worcestersoße vermischen. Mit Salz und Pfeffer abschmecken und kühl stellen. Backofen auf 200 °C (Umluft: 180 °C) vorheizen.

2. Blätter des Blumenkohls entfernen, Strunk kürzen, aber nicht vollständig ab- oder herausschneiden. Blumenkohl waschen. und in ca. 1,5 Zentimeter dicke Scheiben schneiden. Mit 1 Teelöffel Öl bestreichen und mit Gewürzen bestreuen.

3. Restliches Öl in einer backofenfesten Pfanne erhitzen. Blumenkohlscheiben darin von einer Seite ca. 1 Minute scharf anbraten. Wenden und mit der Pfanne ca. 10 Minuten im vorgeheizten Backofen garen, bis die Steaks goldbraun sind und der Strunk weich ist. Blumenkohl-Steaks mit Knoblauchcreme servieren.

ZUCCHINI MIT PILZ-FRISCHKÄSE-FÜLLUNG

Zutaten für 2 Portionen

Fett für die Form, 2 große Zucchini, 100 g Champignons, 1 kleine Zwiebel, 150 g Doppelrahmfrischkäse, 80 g geriebener Käse (z. B. Gouda), Salz, frisch gemahlener Pfeffer, Dill nach Belieben

Zubereitungszeit *ca. 20 Min. + ca. 25 Min. Backzeit*

Nährwertangaben

pro Portion: 456 kcal, 16 g Eiweiß, 40 g Fett, 8 g Kohlenhydrate

1. Backofen auf 200 °C (Umluft: 180 °C) vorheizen. Auflaufform mit Fett ausstreichen. Zucchini putzen, waschen und der Länge nach halbieren. Fruchtfleisch mit einem Löffel entnehmen und sehr fein hacken. Champignons putzen, mit einem Tuch abreiben und klein schneiden. Zwiebel schälen und fein hacken.

2. Zucchini, Champignons und Zwiebel in eine Schüssel geben und mit Frischkäse vermischen. Mit Salz und Pfeffer würzen. Füllung gleichmäßig in den ausgehöhlten Zucchinihälften verteilen und glatt streichen. In die Auflaufform legen und mit geriebenem Käse bestreuen. Nach Belieben mit gehacktem Dill bestreuen. Im vorgeheizten Backofen ca. 20–25 Minuten backen.

Desserts und Backen

CHIA-SCHOKO-PUDDING MIT KOKOSMILCH

Zutaten für 2 Portionen

35 g Chiasamen, 200 ml Milch,
50 ml Kokosmilch, 1 ½ EL Kakaopulver,
1 TL neutrales Eiweißpulver,
flüssiger Süßstoff nach Belieben,
Himbeeren, Mandeln und Zitronenmelisse zum Garnieren

Zubereitungszeit *ca. 5 Min. + ca. 20 Min. Kühlzeit*

Nährwertangaben

pro Portion: 248 kcal,
10 g Eiweiß, 17 g Fett,
9 g Kohlenhydrate

1. Chiasamen in eine Schüssel geben und mit Milch, Kokosmilch, Kakao und Eiweißpulver vermischen. Nach Belieben mit Süßstoff süßen. In 2 Gläser füllen und ca. 20 Minuten im Kühlschrank quellen lassen.

2. Himbeeren waschen, verlesen und trocken tupfen. Mandeln grob hacken. Zitronenmelisse waschen und trocken schütteln. Chia-Schoko-Pudding mit Himbeeren, Mandeln und Zitronenmelisse dekorieren und servieren.

HIMBEER-SAHNE-DESSERT

Zutaten für 4 Portionen

750 g Himbeeren,
300 g Sahne,
3 TL Vanilleextrakt,
flüssiger Süßstoff nach Belieben,
Minzeblättchen zum Garnieren

Zubereitungszeit *ca. 10 Min.*

Nährwertangaben

pro Portion: 301 kcal,
5 g Eiweiß, 23 g Fett,
12 g Kohlenhydrate

1. Himbeeren waschen und verlesen. Einige Himbeeren für die Garnitur beiseitestellen, restliche Himbeeren pürieren.

2. Sahne steif schlagen und mit Himbeerpüree vermischen. Vanilleextrakt und Süßstoff zugeben. Himbeer-Sahne-Dessert in Schälchen füllen und mit beiseitegestellten Himbeeren und gewaschenen Minzeblättchen garniert servieren.

Tipp Himbeeren enthalten viele Vitamine und Mineralstoffe – noch dazu sind sie kalorienarm und köstlich. Beim Süßstoff gilt es, sich nach und nach an die richtige Menge heranzutasten, die dem eigenen Geschmack entspricht.

CREMIGER SCHOKOLADENQUARK

Zutaten für 1 Portion

80 g Sahne,
1 EL Kakaopulver,
100 g Magerquark,
flüssiger Süßstoff nach Belieben

Zubereitungszeit *ca. 5 Min.*

Nährwertangaben

pro Portion: 328 kcal,
16 g Eiweiß, 26 g Fett,
7 g Kohlenhydrate

1. Sahne mit Kakaopulver steif schlagen. Magerquark unterrühren und Schokoladenquark nach Belieben mit Süßstoff abschmecken.

Tipp Wer bei der Low-Carb-Ernährung Schokopudding vermisst, hat hier eine tolle Alternative. Je nach Geschmack können Sie auch noch ein kleines Stückchen Zartbitterschokolade über den Schokoladenquark raspeln.

SCHOKOLADEN-MOUSSE

Zutaten für 1 Portion

1 EL Kokosmehl, 250 g Magerquark,
30 g Eiweißpulver mit Schokoladengeschmack,
1 TL gemahlene Flohsamenschalen,
½ TL Kakaopulver, 1 TL Kaffeegranulat,
Süßstoff nach Belieben, 3 Tropfen Rumaroma

Zubereitungszeit *ca. 5 Min. + ca. 1 Std. Kühlzeit*

Nährwertangaben

pro Portion: 322 kcal,
50 g Eiweiß, 3 g Fett,
12 g Kohlenhydrate

1. Zutaten in eine Rührschüssel geben und mit dem elektrischen Handrührgerät zu einer glatten Masse verrühren. Wasser zugeben, bis die Konsistenz einer Mousse erreicht ist.

2. In ein Schälchen füllen und Schokoladen-Mousse mindestens 1 Stunde im Kühlschrank kalt stellen.

Info Flohsamen sind die Samen der Pflanze Plantago ovata. Diese ist eine niedrig wachsende, einjährige Pflanze, die zu den Wegerichgewächsen gehört. Flohsamenschalen sind ballaststoffreich, verdauungsfördernd und wirken positiv auf den Cholesterinspiegel.

APFEL-QUARK-DESSERT MIT ZIMT

Zutaten für 2 Portionen

2 Äpfel,
1 TL Butter,
3 EL Xylit,
250 g Magerquark,
Zimt zum Bestäuben

Zubereitungszeit *ca. 15 Min.*

Nährwertangaben

pro Portion: 220 kcal, 14 g Eiweiß, 7 g Fett, 17 g Kohlenhydrate

1. Äpfel waschen, vierteln, Kerngehäuse entfernen und Fruchtfleisch klein würfeln. Butter in einer Pfanne schmelzen, ca. 2 Esslöffel Xylit zufügen und etwas anbräunen. Apfelwürfel zufügen und karamellisieren lassen. Mit Zimt bestäuben und ca. 1 Minute weiterbräunen.

2. Quark mit restlichem Xylit verrühren. Apfelstücke und Quark abwechselnd in 2 Gläser schichten und abschließend mit Zimt bestäuben.

HIMBEER-PROTEIN-EIS MIT QUARK

Zutaten für 1 Portion

100 g Himbeeren (TK-Produkt), 150 g Magerquark,
15 g Eiweißpulver mit Vanillegeschmack,
2 Msp. Stevia, Minzeblättchen zum Garnieren

Zubereitungszeit *ca. 5 Min. + ca. 1 Std. Kühlzeit*

Nährwertangaben

pro Portion: 185 kcal,
30 g Eiweiß, 2 g Fett,
9 g Kohlenhydrate

1. Gefrorene Himbeeren mit 1 Esslöffel Wasser in einen Mixer geben und fein pürieren. Magerquark, Eiweißpulver und Stevia zugeben und alles kräftig mixen. Eismasse für ca. 1 Stunde ins Gefrierfach geben. Dabei regelmäßig umrühren, bis das Eis gefroren und cremig ist.

2. Himbeer-Protein-Eis in ein Schälchen geben, nach Belieben mit gewaschener Minze dekorieren und sofort servieren.

Tipp Erfrischende Eis-Variationen ergeben sich auch durch die Verwendung anderer Beeren. Probieren Sie Erdbeeren oder Brombeeren und wählen Sie dazu das Eiweißpulver mit Ihrem Lieblingsgeschmack oder neutrales Eiweißpulver.

SCHOKO-MANDEL-PRALINEN

Zutaten für 4 Portionen

200 g gemahlene Mandeln,
1 TL gemahlene Vanille,
2 EL Kokosöl, 2 EL Kakaopulver,
2 EL Mandelmus, 2 TL Stevia nach Belieben

Zubereitungszeit *ca. 10 Min. + ca. 2 Std. Kühlzeit*

Nährwertangaben

pro Portion: 446 kcal,
15 g Eiweiß, 40 g Fett,
3 g Kohlenhydrate

1. Gemahlene Mandeln, Vanille und nach Belieben Stevia in einer Schüssel gut vermischen. Kokosöl im Wasserbad oder in der Mikrowelle schmelzen. 1 Esslöffel Kakao einrühren und zur Mandel-Vanille-Mischung geben. Mandelmus zugeben und alles gut vermischen. Bei Bedarf etwas Wasser zugeben.

2. Masse zu kleinen Kugeln formen und in restlichem Kakao wälzen. Schoko-Mandel-Pralinen ca. 2 Stunden kühl stellen.

Geschmeidiger Teig ohne Mehl

Da beim Low-Carb-Backen auf das kohlenhydratreiche Weißmehl verzichtet wird, fehlt beim Backen das Gluten. Dieses Klebereiweiß spielt eine wichtige Rolle, damit aus den diversen Backzutaten ein geschmeidiger, elastischer Teig entsteht. Zudem ist es für die Wasserbindung im Teig verantwortlich. Um auch ohne Weißmehl den optimalen Teig herzustellen, muss also ein Bindemittel zugefügt werden, das die Aufgaben des Glutens übernimmt. Zum Glück gibt es auch andere Bindemittel. Hier die wichtigsten:

Das **Johannisbrotkernmehl** wird aus den gemahlenen Samen des Johannisbrotbaums gewonnen, der hauptsächlich im Mittelmeerraum wächst. Das weißlich-gelbe, geschmacksneutrale Mehl eignet sich hervorragend zum Backen, da es viel Flüssigkeit bindet, schön aufquillt und Backwaren ein gutes Volumen verleiht.

Wie das Johannisbrotkernmehl bindet auch das **Guarkernmehl** Flüssigkeiten sehr gut und sorgt bei Backwaren für eine schöne Struktur und reichlich Volumen. Das aus einer Hülsenfrucht gewonnene Mehl verstärkt die Wirkung von anderen Bindemitteln, weshalb es auch oft zusammen mit Johannisbrotkernmehl verwendet wird.

Ein weiteres Bindemittel sind **Flohsamenschalen**, die ebenfalls in Flüssigkeit gut aufquellen, den Teig elastischer machen und dem Gebäck eine schöne Saftigkeit verleihen. Darüber hinaus sind sie gut für die Darmgesundheit, da sie jede Menge gesunde Ballaststoffe beinhalten.

Vor allem bei Low-Carb-Broten kommen **Leinsamen** ins Spiel. Meist in geschroteter Form sorgen sie für eine schöne Konsistenz und sind zudem noch reich an Ballaststoffen und Omega-3-Fettsäuren. Für ein optimales Ergebnis lässt man die geschroteten Leinsamen am besten mit etwas Wasser quellen und gibt sie dann zum Teig.

LOW-CARB-QUARK-BROT MIT KERNEN

Zutaten für 1 Brot

150 g Magerquark, 4 Eier,
50 g geschroteter Leinsamen,
50 g gemahlene Mandeln,
Kernemischung zum Bestreuen,
½ TL Salz, ½ Pck. Backpulver

Zubereitungszeit *ca. 10 Min. + ca. 1 Std. Backzeit*

Nährwertangaben

pro Brot: 1110 kcal,
77 g Eiweiß, 76 g Fett,
15 g Kohlenhydrate

1. Backofen auf 170 °C (Umluft: 150 °C) vorheizen. Kastenform mit Backpapier auslegen. Quark, Eier, Leinsamen, Mandeln und Backpulver in eine Schüssel geben. Salz zufügen und alles gut verrühren. Teig in die Kastenform füllen, glatt streichen und ca. 5 Minuten ruhen lassen.

2. Low-Carb-Quark-Brot mit Kernen bestreuen und im vorgeheizten Backofen ca. 1 Stunde backen.

Tipp Besonders gut schmeckt das Brot, wenn die Scheiben nochmals kurz getoastet werden.

SAFTIGE JOGHURT-MUFFINS

Zutaten für 12 Stück

3 Eier, 150 g Joghurt,
80 g Mascarpone, 250 g gemahlene Mandeln,
3 EL flüssiger Süßstoff, Fett für die Form,
1 Prise Salz, ½ Pck. Backpulver

Zubereitungszeit *ca. 15 Min. + ca. 20 Min. Backzeit*

Nährwertangaben

pro Stück: 197 kcal,
7 g Eiweiß, 17 g Fett,
2 g Kohlenhydrate

1. Backofen auf 200 °C (Umluft: 180 °C) vorheizen. Muffinförmchen mit Fett ausstreichen. Eier trennen. Eiweiße mit 1 Prise Salz steif schlagen. Eigelbe mit Joghurt, Mascarpone, gemahlenen Mandeln, Backpulver und Süßstoff in einer Schüssel zu einem Teig verrühren.

2. Teig in 12 Muffinförmchen füllen und im vorgeheizten Backofen ca. 20 Minuten backen (Stäbchenprobe machen: Am Holzstäbchen darf kein flüssiger Teig haften).

Tipp Nach Belieben die Joghurt-Muffins mit halb geschlagener Sahne beträufelt servieren.

SCHOKOLADEN-BROWNIES

Zutaten für ca. 10 Stücke

30 g Zartbitterschokolade, 2 Eier, 55 g Butter,
40 g Kakaopulver, 150 g Xylit,
70 g Mandelmehl, ½ TL Backpulver,
1 Fläschchen Vanillearoma

Zubereitungszeit *ca. 25 Min. + ca. 20 Min. Backzeit*

Nährwertangaben

pro Stück: 110 kcal,
6 g Eiweiß, 8 g Fett,
3 g Kohlenhydrate

1. Backofen auf 170 °C (Umluft: 150 °C) vorheizen. Schokolade grob hacken. Eier trennen und Eiweiße steif schlagen.

2. Einen Topf zu drei Vierteln mit Wasser füllen und auf ca. 60 °C erhitzen (das Wasser darf nicht kochen!). Topf vom Herd nehmen. Eine Metall- oder Glasschüssel mit gehackter Schokolade füllen und Schokolade mit Butter im Wasserbad schmelzen. Ab und zu mit einem Löffel umrühren.

3. In die Schokoladenmasse Eigelbe, Kakaopulver, Xylit, Mandelmehl, Backpulver und Vanillearoma geben und alles mit dem elektrischen Handrührgerät verrühren. Eischnee vorsichtig unterheben. Teig in eine Browniefom (20 Zentimeter x 20 Zentimeter) füllen und glatt streichen. Im vorgeheizten Backofen ca. 20 Minuten backen.

Tipp Es gibt verschiedene alternative Süßungsmittel, mit denen man bei einer Low-Carb-Ernährung süßen kann, z. B. Erythrit, Xylit, Stevia, Agavendicksaft oder Kokosblütenzucker. Hier gilt es herauszufinden, was einem selbst am besten schmeckt.

KÄSEKUCHEN OHNE BODEN

Zutaten für 1 Springform

2 Eier, 200 g Frischkäse, 100 g Magerquark
20 g Puddingpulver mit Vanillegeschmack,
4 EL Xylit, 1 Prise Salz

Zubereitungszeit *ca. 10 Min. + ca. 35 Min. Backzeit*

Nährwertangaben

pro Kuchen: 922 kcal,
33 g Eiweiß, 61 g Fett,
27 g Kohlenhydrate

1. Backofen auf 175 °C (Umluft: 155 °C) vorheizen. Springform (ca. 20 Zentimeter Durchmesser) mit Backpapier auskleiden. Eier trennen. Eigelbe mit Frischkäse, Quark, Puddingpulver und Xylit in eine Schüssel geben und verrühren. Eiweiße mit 1 Prise Salz steif schlagen und unterheben.

2. Masse in die Springform füllen und im vorgeheizten Backofen ca. 35 Minuten backen. Eventuell kurz vor Ende der Backzeit mit Alufolie abdecken, damit der Kuchen nicht zu dunkel wird. Herausnehmen und abkühlen lassen.

BANANEN-ZIMT-MUFFINS

Zutaten für 3 Stück

1 reife Banane,
1 Ei, 2 EL Magerquark,
30 g Eiweißpulver mit Vanillegeschmack,
1 TL Backpulver, 1 TL Zimt,
1 Prise Salz, 2 EL gehackte Nüsse

Zubereitungszeit *ca. 10 Min. + ca. 15 Min. Backzeit*

Nährwertangaben

pro Stück: 155 kcal,
13 g Eiweiß, 6 g Fett,
9 g Kohlenhydrate

1. Backofen auf 175 °C (Umluft: 155 °C) vorheizen. Muffinform mit Papierförmchen auslegen. Banane mit einer Gabel zerdrücken. Ei zufügen und verschlagen. Quark untermischen. Eiweißpulver mit Backpulver, Zimt und Salz mischen und unterrühren. Alles zu einem glatten Teig verarbeiten. Gehackte Nüsse unterheben.

2. Teig in die Muffinform füllen und im vorgeheizten Backofen ca. 15 Minuten backen. Herausnehmen und abkühlen lassen.

Tipp Wer seine Bananen schnell nachreifen lassen möchte, kann zu folgendem Trick greifen: Legen Sie die Bananen zusammen mit einem Apfel in eine Papiertüte. So sorgt das Hormon Ethylen von Banane und Apfel, dass die Früchte schneller reif werden.

SCHOKOLADEN-ZUCCHINI-KUCHEN

Zutaten für 1 Kastenform

370 g Zucchini, 200 g gemahlene Haselnüsse, 40 g Kakaopulver, 6 Eier, 250 g Xylit, Fett für die Form, Schokodrops nach Belieben

Zubereitungszeit *ca. 20 Min. + ca. 40 Min. Backzeit*

Nährwertangaben

pro Kuchen: 3034 kcal, 79 g Eiweiß, 213 g Fett, 50 g Kohlenhydrate

1. Backofen auf 180 °C (Umluft: 160 °C) vorheizen. Kastenform mit Fett ausstreichen. Zucchini putzen, waschen, sehr fein reiben und gut ausdrücken. Gemahlene Haselnüsse in eine Schüssel geben und mit Kakao vermischen. Eier in eine weitere Schüssel geben und mit Xylit luftig aufschlagen. Zucchini untermischen und Haselnuss-Kakao-Mischung unterheben.

2. Teig in die Form füllen, nach Belieben mit Schokodrops belegen und ca. 40 Minuten backen (Stäbchenprobe machen: Am Holzstäbchen darf kein flüssiger Teig haften). Eventuell kurz vor Ende der Backzeit mit Alufolie abdecken, damit der Kuchen nicht zu dunkel wird. Herausnehmen und abkühlen lassen.

PEKANNUSS-BLONDIES

Zutaten für ca. 12–14 Stücke

50 g weiße Schokolade, 3 große Eier, 45 g Butter, 40 g Kokosöl, 70 g Xylit, 30 g Erythrit, 120 g Mandelmehl, 1 TL Guarkernmehl, 1 gestrichener TL Backpulver, 1 gestrichener TL Natron, ¾ TL Bourbon-Vanille, 50 g Pekannüsse und einige Pekannüsse zum Garnieren

Zubereitungszeit *ca. 10 Min. + ca. 25 Min. Backzeit*

Nährwertangaben

pro Stück: 190 kcal,
7 g Eiweiß, 14 g Fett,
4 g Kohlenhydrate

1. Backofen auf 150 °C (Umluft: 130 °C) vorheizen. Schokolade grob hacken. Eier trennen. Eiweiße steif schlagen.

2. Schokolade mit Butter und Kokosöl im Wasserbad schmelzen. Schokoladenmasse mit Eigelben, Xylit und Erythrit schaumig rühren. Mandelmehl, Guarkernmehl, Backpulver, Natron und Bourbon-Vanille zufügen und alles gut verrühren. Pekannüsse grob hacken und untermischen. Eischnee vorsichtig unterheben.

3. Teig in eine Brownieform (24 Zentimeter x 24 Zentimeter) füllen und mit einigen halbierten Pekannüssen belegen. Im vorgeheizten Backofen ca. 20–25 Minuten backen. Stäbchenprobe machen: Am Holzstäbchen darf kein flüssiger Teig haften. Herausnehmen und abkühlen lassen.

SCHOKOLADEN-TASSENMUFFIN

Zutaten für 1 Portion

1 Ei, 2 EL Mandelmehl,
1 TL Backpulver,
2 EL neutrales Eiweißpulver,
1 EL Kakaopulver,
1 EL Xylit, 2 EL Milch, 1 EL Öl

Zubereitungszeit *ca. 5 Min.*

Nährwertangaben

pro Portion: 423 kcal,
33 g Eiweiß, 25 g Fett,
5 g Kohlenhydrate

1. Alle Zutaten miteinander verrühren. Teig in eine mikrowellengeeignete Tasse füllen. Darauf achten, dass die Tasse nur etwa halbvoll ist. In die Mikrowelle stellen und bei ca. 700 Watt ca. 3 Minuten backen.

Tipp Das Eiweißpulver kann je nach Vorlieben immer wieder variiert werden. Besonders köstlich für den Schokoladen-Tassenmuffin ist Eiweißpulver in den Geschmacksrichtungen Schokolade oder Cookie & Cream.

Info Bei Tassenkuchen, auch „Mug Cakes" genannt, ist es besonders wichtig für das Gelingen des Kuchens, dass man sich genau an die Mengenangaben hält. Die Tasse sollte auch auf keinen Fall zu voll gefüllt sein, um ein Übergehen zu verhindern.

REZEPTREGISTER

Bildnachweis

Shutterstock: 2 li. Brent Hofacker, 2 re. AS Food studio, 3 Roxiller13, 3 re. Elena Veselova, 5 Tatiana Vorona, 6 Shaiith, 11 Subbotina Anna, 15 Shaiith, 16 u. re. joannawnuk, 16 u. li. thefoodphotographer, 16 o. re. SMarina, 16 o. li. Elena Shashkina, 20 goodluz, 21 ESstock, 27 Brent Hofacker, 29 Rimma Bondarenko, 31 Rasulov, 33 Maddas, 34 re. marekuliasz, 34 li. Natalie_Barth, 35 li. Gorgev, 35 Mi. Natalia Mylova, 35 re. artpritsadee, 37 A_Lein, 38 o. li. Hong Vo, 38 o. re. Frannyanne, 38 u. Efired, 39 Teri Virbickis, 41 Elena Demyanko, 43 Oxana Denezhkina, 45 Lana_M, 47 Nataliya Arzamasova, 49 vkuslandia, 51 Elena Shashkina, 55 Lapina Maria, 57 Alphonsine Sabine, 59 Slavica Stajic, 60 MariaKovaleva, 61 u. Anna Ewa Bieniek, 61 o. JGPhoto76, 63 Nataliya Arzamasova, 65 o. re. nadianb, 65 o. li. Oxana Denezhkina, 65 u. li. Larisa Blinova, 65 u. re. DenisProduction.com, 66 re. Elena Elisseeva, 66 li. kamon_saejueng, 69 o. li. Irina Meliukh, 69 u. Ildi Papp, 69 re. Pani_Elena, 71 zoryanchik, 73 Vorontsova Anastasiia, 75 Aris Setya, 77 li. marylooo, 77 Mi. FXQuadro, 77 re. Jiri Hera, 79 Viktory Panchenko, 83 Edith Frincu, 85 Mariontxa, 86 re. jreika, 86 Mi. jreika, 86 li. Michal Hostovecky, 89 Anna Shepulova, 91 Vezzani Photography, 92 Elena Veselova, 93 Elena Veselova, 95 AS Food studio, 97 vanillaechoes, 99 Salih Enes Ozbayoglu, 101 li. juninatt, 101 Mi. Laborant, 101 re. Amallia Eka, 103 Elena Shashkina, 105 zoryanchik, 107 Stepanek Photography, 111 Africa Studio, 113 Shebeko, 114 re. Brent Hofacker, 114 Mi. Shebeko, 114 li. Lecic, 117 supercat, 119 u. li. juefraphoto, 119 o. re. juefraphoto, 119 u. re. RazoomGame, 119 o. li. stockfour, 121 Photopictures, 123 Elena Shashkina, 125 Halfpoint, 127 AS Food studio, 129 Roxiller13, 131 Acter, 133 re. David Hanlon, 133 Mi. Marina Onokhina, 133 li. Edward Fielding, 135 stockcreations, 137 A_Lein, 139 Mi. Wollertz, 139 re. Wollertz, 139 li. OtmarW, 141 Edith Frincu, 145 YuliiaHolovchenko, 147 Olga Miltsova, 149 iprachenko, 151 Hortimages, 153 Stolyevych Yuliya, 155 Lesya Dolyuk, 156 JulijaDmitrijeva, 159 Natalie_Barth, 161 MShev, 163 Tei Sinthip, 165 Christian Jung, 167 Elena Veselova, 169 Amallia Eka, 171 Elena Veselova, 173 u. re. Dalaifood, 173 u. li. Geshas, 173 o. Ksenija Toyechkina; Cover: Iryna Melnyk/shutterstock.com (großes Bild); o. li. HandmadePictures/ shutterstock.com; alle anderen Abbildungen siehe Innenteil

Impressum

Alle Informationen in diesem Buch wurden mit größter Sorgfalt erarbeitet und geprüft. Weder Herausgeber, Autor noch Verlag können jedoch für Schäden haftbar gemacht werden, die in Zusammenhang mit der Verwendung dieses Buches stehen.

www.garant-verlag.de

ISBN 978-3-7359-1819-2

Komplettproducing: twinbooks, München
Text und Lektorat: Linda Freutel, Melanie Goldmann, Eva Hutter, Jana Lösch, Vivianne Schoenen, Anja Voss für twinbooks, München